ÉTUDE HISTORIQUE

SUR LE

JOURNAL DU SIÈGE

qui fut mis devant Orléans par les Anglais

en 1428-1429

Cet ouvrage doit être attribué

à

GUILLAUME COUSINOT, Chancelier du duché d'Orléans,

auteur de la *Geste des Nobles Françoys*

> LE JOURNAL DU SIÈGE EST LA SOURCE PREMIÈRE OU SE REN-
> SEIGNÈRENT BERRY LE HÉRAULT, J. CHARTIER, COUSINOT DE
> MONTREUIL, POUR COMPOSER LEURS CHRONIQUES SUR CHARLES VII
> ET SUR LA PUCELLE ; ET LES AUTEURS ANONYMES DE LA CHRO-
> NIQUE DU 8 MAI ET DU MYSTÈRE DU SIÈGE D'ORLÉANS, ETC., ETC.

PAR

Félix GUILLON

Officier d'Académie

Membre correspondant de la *Reale Accademia Araldica Italiana*,

etc., etc.

——◆——

PARIS | ORLÉANS

A. PICARD & Fils | J. LODDÉ

82, RUE BONAPARTE | RUE JEANNE-D'ARC, 41

LIBRAIRES-ÉDITEURS

1913

ÉTUDE HISTORIQUE

SUR LE

JOURNAL DU SIÈGE

qui fut mis devant Orléans par les Anglais

en 1428-1429

Tirage : 250 exemplaires

———

N°

ÉTUDE HISTORIQUE

SUR LE

JOURNAL DU SIÈGE

qui fut mis devant Orléans par les Anglais

en 1428-1429

Cet ouvrage doit être attribué

à

GUILLAUME COUSINOT, Chancelier du duché d'Orléans,

auteur de la *Geste des Nobles Françoys*

LE JOURNAL DU SIÈGE EST LA SOURCE PREMIÈRE OU SE REN-
SEIGNÈRENT BERRY LE HÉRAULT, J. CHARTIER, COUSINOT DE
MONTREUIL, POUR COMPOSER LEURS CHRONIQUES SUR CHARLES VII
ET SUR LA PUCELLE ; ET LES AUTEURS ANONYMES DE LA CHRO-
NIQUE DU 8 MAI ET DU MYSTÈRE DU SIÈGE D'ORLÉANS, ETC., ETC.

PAR

Félix GUILLON

Officier d'Académie

Membre correspondant de la *Reale Accademia Araldica Italiana*,

etc., etc.

PARIS
A. PICARD & Fils
82, RUE BONAPARTE

ORLÉANS
J. LODDÉ
RUE JEANNE-D'ARC, 41

LIBRAIRES-ÉDITEURS

1913

PRÉFACE

Le siège mis devant Orléans par les Anglais, le 12 octobre 1428, a été considéré par tous les historiens comme étant un des événements les plus mémorables de nos annales, puisque de l'issue de ce siège dépendait le sort de la nationalité française ; — l'Europe, dit un historien anglais, avait les yeux sur ce siège, dont le résultat pouvait apporter des changements dans sa politique.

On ne trouve dans les fastes de notre histoire que trois événements qui, par leur importance, puissent être rapprochés de celui de 1428. Le premier est l'irruption dans la Gaule d'Attila et de ses hordes barbares qui allaient se répandant par tout le pays, mais les défaites que les Francs unis aux Gallo-Romains et aux Wisigoths leur firent subir devant Orléans et ensuite dans les Champs Catalauniques (451), les forcèrent à quitter la Gaule.

Le deuxième est la célèbre bataille livrée en 732, entre Poitiers et Tours, par Charles Martel à Abdérame et à sa nombreuse armée d'Arabes, de Berbères et de Maures ; ceux-ci vaincus laissèrent, dit-on, près de 300,000 des leurs sur le champ de bataille et dans la poursuite des fuyards. Par cette victoire éclatante, le duc des Francs arrêta pour toujours l'invasion arabe qui menaçait la France et le nord de l'Europe. Ce fut, dit M. Martin, un des événements les plus solennels des fastes du genre humain.

La troisième est celle de Bouvines, également célèbre dans nos annales par la victoire complète que Philippe Auguste remporta, en 1214, sur les armées des princes coalisés : Othon, empereur d'Allemagne ; Jean, roi d'Angleterre et les comtes de Flandres et de Boulogne qui, comptant sur une victoire assurée, avaient à l'avance fait entre eux le partage de la France.

Ce sont là les quâtre événements les plus importants de
notre histoire, car de leur succès ou insuccès devaient
dépendre le maintien ou la ruine du royaume. Ils doivent être inscrits en première page dans les fastes de la
France.

Henri V d'Angleterre, le vainqueur d'Azincourt (1415),
avait en sa possession la Guyenne, la Gascogne, la Normandie et presque tout le nord de la France. Devenu le
gendre du dément Charles VI, il fut reconnu par lui, par
la reine Isabeau et par les princes, comme seul héritier
du royaume par le traité de Troyes (1420) qui, en même
temps, excluait du trône le dauphin, depuis Charles VII.
— Celui-ci n'était reconnu comme vrai héritier de la cou-
ronne que par la Touraine, l'Orléanais, le Berry et les
provinces du centre et du midi.

Bedford, régent du royaume de France pour son
neveu, le jeune Henri VI, fils de Henri V et de Catherine
de France, continuant la politique du feu roi, son frère,
résolut pour achever la conquête entière du royaume, de
s'emparer d'Orléans, alors regardée comme le dernier et
seul boulevard de la nationalité française. Cette ville
prise, les Anglais pourraient se répandre dans le Berry
et les autres provinces restées fidèles à la cause de
Charles VII, en entreprendre la conquête, puis forcer
Charles VII que, par dérision, ils appelaient le *roi de
Bourges*, à sortir de France.

Une armée fut donc dirigée sur Orléans et le 12 octobre 1428 mit le siège devant cette ville. — Il fut levé
huit mois après, le 8 mai 1429, par une espèce de
miracle, dit Berriat-Saint-Prix : l'intervention de Jeanne
d'Arc.

Ce siège à jamais célèbre a eu son historien : un Orléanais resté inconnu, qui habitait cette ville en ces moments critiques. Il prit des notes journalières sur les faits
qui s'y passèrent. — Ce travail manuscrit, aujourd'hui
désigné sous le titre de *Journal du Siège d'Orléans* fut
publié pour la première fois en 1576, *sans nom d'auteur ;*
les éditions qui parurent depuis ont gardé le même

silence. Dubois qui a disserté longuement sur le *Journal*
ne s'est nullement occupé d'en rechercher l'auteur ; Quicherat a fait de même ; Vallet a indiqué, mais vaguement,
un bourgeois ou un clerc d'Orléans ; et en dernier
lieu, M. Cuissard, un ecclésiastique, sans fournir aucune
preuve à l'appui de cette assertion.

C'est là tout ce qui a été fait comme recherches sur
l'auteur inconnu du *Journal du Siège*.

La connaissance de la personnalité et du nom d'auteur
d'un ouvrage à cette époque, n'est cependant pas inutile,
car ces renseignements sont parfois nécessaires ; ils per-
mettent d'apprécier quelle confiance on doit accorder à
l'auteur et à son œuvre. — Mais ici on a passé par-dessus,
comme *coq sur braise*, pour employer une expression de
Christine de Pisan, et ainsi laissé latents le nom et la
personnalité de l'auteur du *Journal du Siège*.

Dès notre jeune âge, nous nous sommes intéressé aux
événements de ce siège et à l'intervention de l'héroïne qui,
en une semaine, infligea défaites sur défaites aux Anglais
et les força à abandonner, le 8 mai 1429, le siège qu'ils
tenaient devant Orléans depuis le 12 octobre 1428. —
Nous nous mîmes à lire les chroniques de la Pucelle,
de Charles VII, du 8 mai, de Berry, de Monstrelet et autres
du xve siècle. Le *Journal du Siège* fut étudié et commenté avec les textes contemporains. C'est alors qu'après
avoir lu les éditions publiées par Herluison et MM. Charpentier et Cuissard, la pensée nous vint de rééditer celle
de Hotot, 1576, avec rectifications, annotations et com-
mentaires. Mais avant, nous tenions à connaître quel
pouvait être l'auteur anonyme du *Journal*. Une lecture
attentive de cet ouvrage, de la *Geste des Nobles Françoys*
et de la *Chronique de la Pucelle*, nous démontra par
l'analogie des récits, que ces trois compositions étaient du
même auteur, *Guillaume Cousinot*, chancelier du duché
d'Orléans ; qu'il résidait dans cette ville au moment du
siège, et prit des notes journalières sur les faits qui s'y
passèrent pour s'en servir à compléter sa *Geste des
Nobles*, pour les années 1428-1429.

Telle est la genèse de cette *Étude sur le Journal du Siège* et sur son auteur, Cousinot le chancelier.

Que dirons-nous de plus? L'œuvre est là avec les textes à l'appui. Le lecteur peut donc apprécier et se prononcer en connaissance de cause.

Au moment où nous écrivons ces dernières lignes, nous nous remémorons ces vers de Clopinel :

Nulz ne doit des aucteurs parler senestement'   ' gauchement c.-à-d. mechamment
Se leur dit ne contient erreur apertement'   ' clairement.
Car tant estudièrent pour nostre enseignement,
Qu'on doit leurs motz gloser' moult favorablement ' expliquer.

Nous éprouvons certains scrupules au sujet des critiques faites dans le cours de cette *Étude*. N'avons-nous pas été trop loin dans celles relatives aux éditions Herluison, Charpentier et Cuissard?

Nul ne doit médire des auteurs qui ont écrit pour notre enseignement. Nous sommes d'accord avec le poète, mais encore faut-il distinguer. En supposant que Clopinel ait voulu parler de lui en écrivant ces vers, il entendait dire que l'homme est faillible, sujet à se tromper; aussi sollicite-t-il l'indulgence du lecteur. En effet, tout auteur qui compose un travail historique, littéraire ou scientifique, sur un sujet inédit, doit être traité indulgemment pour les erreurs ou omissions qu'il a pu commettre, car sa pensée ne peut embrasser tout ce que comporte le sujet traité. — Mais il n'en est point de même pour celui qui venant après, reprend ce travail, fait une nouvelle publication, et n'y ajoute que des erreurs. Celui-là est répréhensible.

— C'est ce qui a lieu pour le *Journal du Siège d'Orléans*. Nous avons excusé Hotot pour ses erreurs et omissions; il a imprimé d'après le manuscrit qu'il avait sous les yeux, déclare-t-il; certes il aurait pu mieux faire, mais enfin, c'est le premier qui a édité le *Journal*, il est excusable jusqu'à un certain point. — Il n'en est pas de même de ceux qui après lui, éditèrent sa publication; non seulement ils ne rectifièrent rien, mais ils trouvèrent le moyen d'ajouter de nouvelles erreurs à celles commises par lui. — Ce n'est pas pour ceux-là que Clopinel demande qu'on soit indulgent, *qu'on glose moult favorablement* sur leurs ouvrages. Car enfin à quoi bon rééditer comme Boynard, comme Herluison, si on ne rectifie rien et qu'au contraire on accumule fautes sur fautes? C'est ainsi qu'il en a été pour le *Journal du Siège*, dont les éditions sont toutes défectueuses. Et c'est ce qui fait que nettement et sans ambages, nous avons *glosé moult défavorablement* sur ceux qui les publièrent.

Nous terminerons en disant avec Regnier :

> ... je ne scaurois me forcer ni me feindre ;
> Trop libre en volonté, je ne me puis contraindre ;
> Je ne scaurois flatter, et ne scay point comment
> Il faut se taire, accord, ou parler faussement.

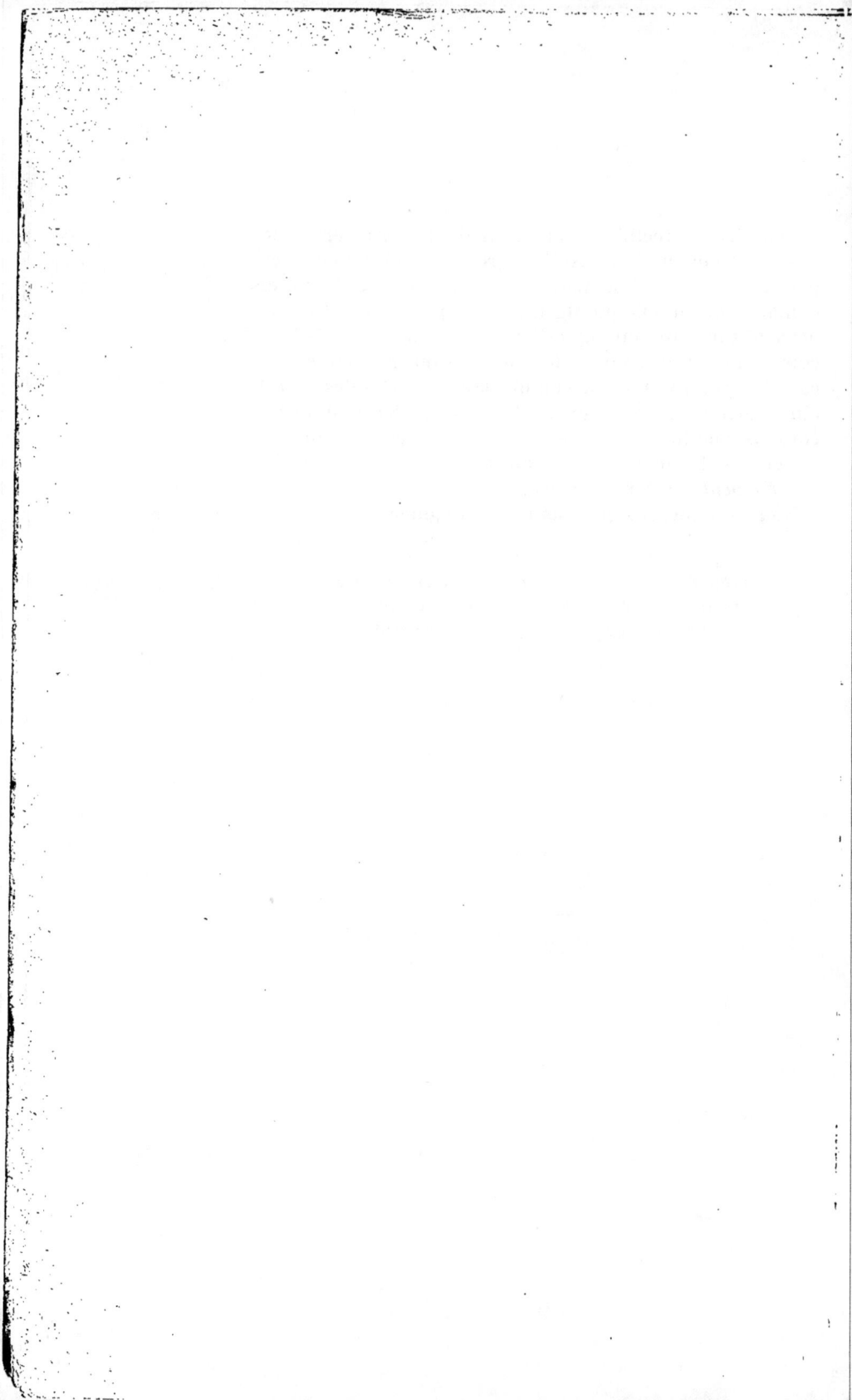

ÉTUDE HISTORIQUE

sur le Journal du Siège qui fut mis devant Orléans par les Anglais en 1428-1429. — Où l'on recherche quel en est l'auteur ?

PREMIÈRE PARTIE

CHAPITRE PREMIER

Orléans. — Son importance politique au Moyen Age. — Siège de 1428-29. — Journal en relatant les faits. — A été écrit par un Orléanais resté inconnu. — Recherches faites à ce sujet, sans résultat. — Chroniqueurs contemporains faisant mention de ce siège. — La Geste des Nobles Françoys par Cousinot, chancelier du duché d'Orléans. — Sa biographie. — Résidait à Orléans au moment du Siège. — Notes journalières prises par lui. — Fait le récit de la marche de Salisbury et d'une armée anglaise à travers le Pays Chartrain et l'Orléanais. — Siège mis devant Orléans le 12 Octobre 1428. — Le chancelier quitta cette ville en 1439. — Il remit alors son manuscrit sur le Siège aux procureurs d'Orléans.

Sans remonter à l'époque gallo-romaine, ni parler de l'antique Genabum, emporium des Carnutes, placé aux confins des territoires occupés par les Senones, les Bituriges et les Turones, on peut dire, et cela, sans crainte d'être taxé de chauvinisme, qu'Orléans a joué un grand rôle dans l'histoire de la France. C'était la deuxième ville du royaume sous les Mérovingiens : et elle fut sur le point d'en être la première. « Il est certain, dirons-nous avec le dernier historien de cette ville, qu'on a hésité longtemps entre la Seine et la Loire, et les raisons qu'on a données pour justifier le choix du premier fleuve sont assez peu convaincantes pour, qu'en présence de l'histoire des guerres du moyen âge et des guerres contemporaines, on ne puisse regretter qu'on s'y soit arrêté. »

Jadis capitale d'un des quatre royaumes mérovingiens, puis, plus tard, du grand-duché de France, Orléans, « cette ville sans pair, cet abrégé de France », dit Duchesne, dans ses *Antiquités des villes et châteaux*, est fréquemment mentionnée dans nos anciens monuments historiques et littéraires : chroniques et chansons de geste. Dans ces derniers récits, c'est la « grant chité : la riche chité » qui souvent y prime Paris.

De par sa situation sur la Loire, le plus grand fleuve de la France, Orléans qui, en 451, fut l'objectif d'Attila et de ses hordes barbares; au xve siècle, des Anglais; au xvie, tantôt des Catholiques, tantôt des Protestants; en 1814, des Alliés, et en 1870, des Allemands, vit Clovis Ier, Charles Martel, Pépin le Bref, Charlemagne, passer sur son pont, à la tête de leurs armées, pour aller combattre, le premier, les Wisigoths, les trois autres les Aquitains et les Arabes. C'était *ville frontière*, la ligne séparative d'entre le nord et le midi de la France, entre les peuples de la langue d'oïl et les peuples de la langue d'oc : le grand entrepôt du commerce intérieur d'une extrémité à l'autre du royaume, ainsi qu'il est encore constaté par l'auteur des *Essais historiques sur Orléans* publiés en 1778 (1). Un poète du xve siècle, Orléanais,

(1) Beauvais de Préau représente le commerce de cette ville comme étant alors l'un des plus florissants du royaume. Elle le devait en partie au fleuve qui baigne ses murs, à la Loire, qui lui apportait les produits du Languedoc, de la Provence, du Lyonnais, de la Bourgogne, du Bourbonnais, du Nivernais, du Berry, du Blésois, de la Touraine, du Poitou, de l'Anjou et de la Bretagne; lesquels produits, par les grandes routes aboutissant à Orléans, regardé comme le plus grand passage qui fût en France, allaient se rendre, par le roulage aux extrémités du royaume. Les nombreuses raffineries royales dont le sucre passait pour le meilleur de France ; ses tanneries, ses mégisseries dont les produits étaient renommés jusqu'à l'étranger; ses manufactures royales d'étoffes, de tissus, de toiles, de bonneterie, ses vins, ses vinaigres, etc., donnaient lieu à un mouvement d'affaires commerciales des plus considérables. C'était l'entrepôt central du royaume, tant pour les différentes marchandises du cru et des manufactures de France que pour celles qui venaient des Iles de l'Amérique, par Nantes, de l'Espagne et de l'Italie.

Les anciens annuaires du Loiret constatent cette importance commerciale d'Orléans qui subsista jusqu'au moment où le chemin de fer fut installé dans notre ville. Alors la batellerie de la haute et basse Loire, qui faisait d'Orléans le centre du commerce de transit le plus important du royaume, cessa pour céder la place aux transports effectués par la voie ferrée. Depuis le négoce orléanais s'est ressenti de cette différence dans les moyens de transport.

sans nul doute, enthousiaste du pays natal, l'auteur inconnu du *Mystère du siège d'Orléans*, témoigne suffisamment de l'importance qu'avait alors cette ville, en faisant dire par le sire de Molins à Salisbury, en marche sur Orléans :

> Et quant Orléans aurez soubmiz
> Vous povez dire seurement
> Que maistre de la Fleur de lis
> Serés du tout certainement.

Puis Glacidas déclarer au même général, qui vient de se rendre maître des Tourelles :

> C'est le passaige et la clef de France...
> C'est comme un paradis terrestre...
> De France c'est le miel et cire...
> Et où tout gist pour faire fin...

C'est cette importance d'Orléans qui explique la décision prise par le grand Conseil de régence d'Angleterre pendant la minorité de Henri VI, fils de Henri V et de Catherine de France, de diriger une armée sur l'Orléanais et s'emparer de sa ville capitale, devenue le dernier boulevard de la Nationalité française.

Tous les historiens sont unanimes à reconnaître que le siège mis devant Orléans par les Anglais en 1428, est un des événements les plus mémorables dont il soit fait mention dans nos annales, puisque « de la perte ou conservation de cette ville semblait dépendre en ce temps-là, la perte ou conservation de la Monarchie française ».

Parmi les ouvrages contemporains qui ont traité de ce siège célèbre, il convient de s'arrêter tout spécialement à celui connu aujourd'hui sous le titre de *Journal du Siège*. Là, sont mentionnés jour par jour, les faits de guerre et jusqu'aux moindres détails et incidents qui s'y produisirent. Cette relation prouve jusqu'à l'évidence même que celui qui l'écrivit était Orléanais, et certainement bien placé pour être renseigné sur les événements au fur et à mesure qu'ils eurent lieu dans et hors la ville assiégée. Quel autre, en effet, qu'un Orléanais aurait pu décrire avec plus de soin et avec autant d'exactitude la situation d'Orléans, et l'état d'esprit de ses habitants à ces moments critiques; parler des tours, remparts, portes de villes et rues à propos d'incidents divers, du cloître Saint-Aignan, « moult beau à voir », des églises sises ès forsbourgs et sur les fossés, qui furent alors détruites, de la rivière Flambart, de la Borde aux Mignons, près Saint-Marc, du chemin de Fleury-aux-Choux, de la Croix-Fleury, du Val de la Loire, de la position des bastilles et boulevards élevés par les Anglais autour de la ville, et de mille autres détails tant de guerre que de topographie qu'on lit dans le *Journal*. Aussi a-t-il été admis sans conteste, par tous, que l'auteur de cet ouvrage était Orléanais, ou au moins habitant d'Orléans, au moment du siège, mais surtout habitant éclairé et instruit de mille détails.

C'était là un point désormais établi. Mais il restait un autre point aussi important, sinon plus, celui d'être renseigné sur l'auteur de ce Mémorial ou Journal. Quelques recherches faites à ce sujet sont demeurées sans résultat. Et comme conclusion on s'est borné à dire que cet ouvrage était l'œuvre ou d'un bourgeois, ou d'un clerc, ou encore d'un ecclésiastique vivant à Orléans, au temps même des faits qu'il raconte, et sans plus.

La question est toujours pendante de savoir quel est l'auteur du *Journal du Siège* mis devant Orléans le 12 octobre 1428. Son nom et sa personnalité sont restés inconnus jusqu'à présent. Le dernier éditeur de cet ouvrage, M. Cuissard, ne craint pas d'affirmer qu'il demeurera toujours dans l'oubli. « Car, dit-il, aucune allusion, aucun indice, rien qui puisse prêter à une supposition ne se trouve dans le *Journal*. » « Tout ce qu'on est en droit de conclure avec quelque vraisemblance, c'est qu'il a été rédigé par un prêtre. »

Et pour justifier cette assertion, M. Cuissard cite les phrases : « Louèrent Nostre Seigneur de ceste belle victoire qu'il leur avoit donnée... et aussy fust miracle de Nostre Seigneur faict à la requeste de sainct Aignan et sainct Euverte, jadis évesques d'Orléans et patrons de ceste ville... » qui se lisent dans le *Journal*, après la prise des Tourelles, le samedi 7 mai. Il serait facile, ajoute-t-il, de relever un grand nombre d'expressions du même genre, telles que : « Jour de sainctes Pasques, veille de Pasques Fleuries; enterrement en terre sainte... »

Cette argumentation, qui, de la part de M. Cuissard, a

lieu de surprendre, car il avait une grande lecture de nos anciens monuments historiques et littéraires, ne peut raisonnablement être acceptée, puisque semblables expressions figurent dans les chroniques du temps, celles de Monstrelet, Chastelain, Saint-Rémy, Berry le Héraut, etc. Il en est de même pour les chansons de geste, chroniques des croisades, Villehardouin, Joinville, Froissard, etc., et où les jours fériers et noms de saints sont fréquemment employés comme indication de quantième du jour. C'est ce qu'on lit également dans la *Geste des nobles Françoys*, qui est l'œuvre d'un laïque, Guillaume Cousinot, chancelier du duc d'Orléans. Du reste, à ces époques où la religion dominait partout et exerçait une influence considérable dans le gouvernement des peuples, les fêtes de l'Eglise et des saints jouaient dans la vie civile comme dans la vie privée de nos ancêtres un tel rôle, qu'il est tout naturel qu'on en retrouve la trace dans les récits religieux et profanes. D'ailleurs, de nos jours, n'en est-il pas encore ainsi, bien que les idées modernes, abstraction faite de toute idée de religiosité, aient acquis une prépondérance marquée? Ne voit-on pas journellement dans les baux à ferme, ou ruraux, louage de domestiques, indication des usages locaux, etc., les noms de saints remplacer les quantièmes numériques d'un mois : la Chandeleur, la Saint-Georges, la Saint-Jean, la Madeleine, la Toussaint, Noël, etc. Ce qui démontre la persistance des traditions et rien autre. M. Cuissard paraît donc mal fondé à tirer argument de ces expressions du *Journal* pour conclure, avec une assurance surprenante, que l'auteur était ecclésiastique. Si l'on est généralement d'accord pour admettre que le *Journal du Siège* ne contient, en lui-même, aucun indice qui puisse en révéler l'auteur, il ne doit pas s'ensuivre qu'en présence de ce mutisme, il faille à jamais renoncer à élucider ce point d'histoire biographique et bibliographique. Ne peut-on, en étudiant et analysant les documents contemporains, arriver, par des rapprochements utiles, à percer le mystère de cet anonymat qui, à notre avis, n'est qu'apparent?

C'est ce que nous allons tenter de faire.

De tous les ouvrages de cette même époque, et le nombre

en est assez considérable, tels : le *Journal du Siège*, la *Geste des nobles*, les *Chroniques de Charles VII, de la Pucelle et du 8 mai*, le *Mystère du Siège*, Berry le héraut, Monstrelet, *Bourgeois de Paris*, etc., qui ont parlé du siège de 1428-29 et de Jeanne d'Arc, il en est un entre autres que nous venons de citer, la *Geste des nobles*, d'une certaine importance documentaire pour les xiv⁰ et xv⁰ siècles, restée manuscrite jusqu'en 1859, année où Vallet de Viriville la publia dans son volume intitulé : « *Chronique de la Pucelle ou Chronique de Cousinot* ».

Cette chronique a pour titre : « *Geste des nobles François descendus de la royalle lignée du noble roy Priam de Troye jusque au noble Charles filz du roy Charles le sixiesme qui tant fut aimé des nobles et touz autres.* » (1) Souvent citée par les historiens, elle relate les événements depuis les commencements de la Monarchie, comprises les origines troyennes des Français, d'après les grandes chroniques de Saint-Denis et autres; retrace le règne de Charles VI, puis les sept premières années de celui de Charles VII. La narration s'arrête au moment où Jeanne d'Arc et l'armée royale en marche sur Reims pour le sacre, assiègent Troyes. C'est pour Charles VI, dit Vallet de Viriville, le récit d'un contemporain, qui témoin, raconte et apprécie les événements : pour les sept premières années de Charles VII, ce n'est plus une *histoire*, mais le récit de faits présenté sous la forme

(1) « Ceci est, dit Vallet de Viriville, en note, le titre intérieur. Une seconde main a écrit sur l'un des feuillets liminaires : « Gestes des Françoys descendus du roi Priam jusque à Charles filz de Charles sixiesme — *et Jehanne la Pucelle.* » L'addition soulignée est d'une troisième main, qui paraît, comme la seconde, dater du xvi⁰ siècle. Cette addition doit être remarquée. »

Au temps de Cousinot le chancelier, avant et après lui, c'était pour nos anciens annalistes et chroniqueurs, une croyance générale que les Francs descendaient des Troyens par Francion, personnage fabuleux, prétendu fils d'Hector et petit-fils de Priam, qui leur donna son nom; — et que ce même Francion avait restauré Lutèce, depuis appelée Paris, en mémoire de son oncle, le beau Pâris, le ravisseur de la femme de Ménélas, la belle Hélène. L'auteur de la *Geste* se conforme donc à cette tradition d'origine, accréditée par les grandes *Chroniques* de Saint-Denis, et qu'on lit encore, dans Olivier de la Marche, Ronsard, etc., disant des rois de France « qu'ils estoient de la lignée du noble roy Priam, de Troye la Grande ». Depuis longtemps la critique historique a fait bonne justice de cette prétendue origine troyenne des Français.

d'un *Mémorial* ou *Journal* (1). « La *Geste* dès qu'elle a atteint la venue de la Pucelle, change tout d'un coup de proportions : elle devient aussitôt, continue à dire le même historien, un mémoire étendu jusqu'à reproduire des documents entiers dans le texte de la narration. Telle, par exemple, la fameuse lettre écrite par la Pucelle aux Anglais pour les sommer de retourner en Angleterre.

« Le récit des événements se poursuit dans ces conditions jusqu'au 6 juillet 1429, au moment où le roi et la Pucelle viennent de mettre le siège devant Troyes; puis le texte s'interrompt ici brusquement, sans faire connaître l'issue de cet épisode et sans ajouter un mot sur le dénouement de cette merveilleuse campagne. » Vallet explique cette interruption du récit de ce que le manuscrit n° 10.297 fut écrit rapidement, sans envoi ni dédicace, pour être adressé au duc prisonnier. C'est ce qu'avait dit Quicherat : « L'exemplaire qui est à la B. N. (ms. 10.297), fut exécuté pour le duc d'Orléans vers le temps où finit la narration. »

Toutefois, nous ferons remarquer que Vallet écrit, p. 89-90, que ce même manuscrit 10.297 fut dédié au frère du duc d'Orléans, Jean, comte d'Angoulême, alors en pays anglais comme otage et prisonnier du duc de Clarence. Comme son aîné, ce prince cultivait les lettres pour adoucir les ennuis de sa captivité. Cousinot le chancelier lui *adressa en 1429* ce manuscrit 10.297 qui porte: *d'azur, à trois fleurs de lis d'or, au lambel à trois pendants d'argent, le second chargé d'un croissant de gueules*, comme brisure de puînés des d'Orléans, et sur lequel on lit des annotations écrites de la main du comte d'Angoulême (2).

(1) Pour ne pas interrompre cette phraséologie du récit au sujet des mots *histoire* et *journal* employés ici par Vallet, nous y revenons plus loin, pages 41 et suivantes.

(2) Louis Iᵉʳ, duc d'Orléans (frère de Charles VI), assassiné en 1407, à Paris, par Jean sans Peur, eut de Valentine de Milan : Charles, duc d'Orléans, père de Louis XII; — Philippe, comte de Vertus, décédé sans postérité; — et Jean, comte d'Angoulême et de Périgord, aïeul de François Iᵉʳ.
Le duc d'Orléans avait fait venir en France les Anglais, mais ceux-ci marquant leur passage par de continuelles dévastations, il traita, en Octobre 1412, à Buzançais, avec leur chef, le duc de Clarence, pour qu'ils se retirassent. Ce qu'ils firent moyennant une somme de 240.000 écus d'or (environ 2.706.000 fr. monnaie actuelle), dont partie

Depuis longtemps, Cousinot s'était consacré à la composition de cet ouvrage où il raconte les faits et gestes des rois de France. S'il devait y faire mention du siège d'Orléans et de Jeanne d'Arc, encore bien plus devait-il parler du voyage de Reims où le sacre allait confirmer à Charles VII le titre de roi de France, qui lui était contesté par tous, amis comme ennemis, à cause de sa naissance regardée comme étant illégitime, par suite de la conduite scandaleuse d'Isabeau, sa mère, et de l'état continuel de démence de Charles VI. Il en était arrivé lui-même à avoir des doutes à ce sujet, si l'on s'en rapporte à la prière mentale qu'il fit à Dieu et que Jeanne d'Arc lui rappela à la première entrevue qu'elle eut avec lui.

Quel peut donc bien être le motif réel de la cessation du récit de la *Geste*, car l'explication qui en est donnée par Quicherat et Vallet ne nous satisfait point? Ne pourrait-on pas plutôt, pour trouver la raison de cette brusque interruption qui ne se comprend pas, dire que la fin de la *Geste* fut supprimée, puis détruite par *ordre*? En d'autres termes, dans les dernières pages du manuscrit il était sans doute question de faits et gestes de hautes personnalités ou d'événements politiques présentés sous un certain jour, qu'on avait intérêt à ne pas laisser connaître, et on a alors encore ici, mis en pratique, le moyen dont on usa pour faire disparaître le procès-verbal de l'interrogatoire de Jeanne, à Poitiers : ce qu'un historien célèbre a qualifié de *crime*. On sait qu'en 1450, au moment où le procès de la réhabilitation allait s'ouvrir, Guillaume Bouillé fut délégué par le roi pour recueillir à Orléans et ailleurs toutes les pièces relatives à la Pucelle, avec le pouvoir de *forcer par toutes voies de droit, les gens qui en auroient en leur possession, de les lui remettre, et, une fois entre ses mains, de les adresser bien closes et scellées*, au Grand Conseil, à Paris (1).

fut payée comptant et pour garantir le paiement du surplus, le duc d'Orléans donna en otage au duc de Clarence, son frère Jean, alors âgé de 8 ans. Ce jeune prince resta prisonnier jusqu'en 1445, époque où il vendit son comté de Périgord et une partie de ses biens pour recouvrer sa liberté, puisque son frère et le roi ne lui étaient pas venus en aide pour le paiement de sa rançon. Il mourut en 1467.

(1) Pour prouver que Charles VII avait conservé bon souvenir de Jeanne d'Arc, des historiens citent cette ordonnance qui fut, déclare Vallet de Viriville, une œuvre froide, dictée par l'intérêt sans qu'on y

Les archives communales d'Orléans furent alors dépouil-
lées de tout ce qui concernait Jeanne d'Arc. Du moins, on
ne trouve plus rien à son sujet. Les comptes de ville d'Orléans divisés en comptes de commune et de forteresse, des
années 1428-29, ont disparu. On procéda à Orléans, comme
à Poitiers; et sans doute, de même pour la *Geste*, comme
pour la *Chronique de la Pucelle*, dont la fin manque également. Ces suppressions furent faites, plus que probable-

puisse recueillir l'étincelle d'un sentiment généreux, noble et élevé.
— Or, dans cette ordonnance datée de Rouen, 15 Février 1450 (n. s.),
reproduite *in extenso* par Lenglet-Dufresnoy, Vallet, etc., il est une
phrase qui a passé inaperçue pour tous, ou, du moins, n'a été l'objet
d'aucune remarque de leur part, et que H. Martin n'a pas jugé à propos de reproduire dans son Histoire de France (VI-456), celle où le roi
s'exprime ainsi :
« Pour ce que nous voulons sçavoir la vérité dudict procès (de
Rouen) et la manière comment il a été déduict et procédé, Vous man-
dons et expressément enjoignons que vous vous enquérez et informez
bien et diligentement de et sur ce que dit est l'informacion par vous
sur ce faict, *apportez ou envoyez stablement close et scellée par devers
nous et les gens de nostre grant Conseil et avec ce tous ceux qui vous
scaurez qui auront aulcunes escriptures procez ou aultres choses touchant la matière;* CONTRAIGNEZ LES PAR TOUTES VOYES DUES ET QUE VER-
REZ ESTRE A FAIRE, A LES VOUS BAILLER *pour nous les apporter ou envoyer, pour pourvoir sur ce ainsi que verrons être à faire.* »
Dans cet ordre si précis donné à G. Bouillé par le roi, dont la conduite à l'égard de la Pucelle fut odieuse, injuste et insensée, nous
voyons autre chose qu'un acte de simple reconnaissance. Il est de
toute évidence que le mobile de cet ordre est l'intérêt personnel, peut-
être même l'inquiétude de *celui* qui, vingt ans auparavant, avait fait
disparaître le procès verbal de l'examen que Jeanne subit à Poitiers,
et, plus tard, devait anéantir la minute française du procès de
Rouen. « Ce sera, dit Quicherat, l'éternel regret de l'histoire de manquer de ce document capital par lequel il est permis de s'instruire sur
l'enfance de Jeanne; elle l'invoqua plusieurs fois dans le cours de
son procès. Déjà la négligence l'avait égarée, ou la *politique l'avait
détruite.* Au procès de réhabilitation, il ne fut point produit. »
Cette disparition de documents pour raison d'Etat se présente
maintes fois dans notre histoire. En 1559, les registres du Parlement
relatifs aux Protestants *furent détruits par ordre* (H. Martin 8-496). On
procéda de même pour les comptes de la ville d'Orléans du 30 Juin
1572 au 1er Janvier 1573, c'est-à-dire deux mois avant les massacres
de la Saint-Barthélemy et quatre mois après cette horrible époque;
ils ne se trouvent plus aux archives municipales, écrit Lottin en
1837 (2-39). Il en avait été déjà ainsi pour les comptes de la même ville
relatifs aux années 1428-29.
Nous citerons encore les ordonnances qui ne furent même pas publiées dans les formes prescrites, par lesquelles, dit H. de Lourdoueix,
Louis XVIII rendit à Louis-Philippe d'Orléans *tous ses biens non
vendus* estimés 300 millions. Tous les documents et papiers relatifs
à ces biens ont été enlevés des archives par Louis-Philippe au moyen
d'un ordre obtenu de Louis XVIII. (*La Révolution c'est l'Orléanisme.*
— Paris. Dentu, 1852.)

ment, par ordre d'une haute personnalité qui avait un intérêt majeur à ce que les choses fussent en cet état.

Quoiqu'il en soit de la cause qui, en définitive, a pu donner lieu à cette interruption, la *Geste des nobles* nous est
parvenue sous l'anonymat; Vallet s'est, à ce sujet, livré à
de multiples recherches dont le résultat a été des plus heureux, puisqu'il lui a permis d'en attribuer la paternité à
Guillaume Cousinot, chancelier du duc d'Orléans. Par une
note mise à la suite du chapitre 223 de la *Geste*, « Du sire de
la Trimoille, qui le roy prinst à gouverner » (chap. 19 de
la *Ch. de la Pucelle*), cet historien dit au sujet de l'anonymat gardé par l'auteur : « La Trimouille était en pleine faveur lorsque le chancelier d'Orléans écrivait ces lignes véri-
diques. Il semble assez naturel que l'auteur, en les écrivant,
ait jugé à propos de ne point s'y nommer. Cette raison suffirait pour expliquer comment la *Geste des nobles* est demeurée anonyme. »

La raison invoquée par Vallet ne peut être admise. Le
chancelier composant, de 1425 à 1429, ce travail historique
d'une certaine importance devait, en écrivain conscien-
cieux, dire la vérité, toute la vérité, sur les hommes et les
choses de son temps. C'est, du reste, ce qu'il a fait. Or, rien
ne le mettait dans l'obligation de communiquer son travail
manuscrit à un quelconque; — au contraire, tout, dans ces
conditions, lui prescrivait de le garder soigneusement par
devers soi. Si Cousinot n'a pas, comme Monstrelet, Chastelain, Saint-Rémy, Berry le Héraut, etc., qui écrivaient en
ce même temps, signé son œuvre au commencement, il pouvait l'avoir fait à la fin de la *Geste*, qui nous est parvenue
privée de ses dernières pages. A cette époque si féconde en
chroniques, plusieurs d'entre elles nous sont pareillement
parvenues sous l'anonymat, notamment le *Journal du Siège*,
la *Chronique de la Pucelle*, celle de la *Fête du 8 Mai*, le *Mystère*, compositions tout spécialement consacrées à la relation
des faits du siège d'Orléans et aux actions héroïques de
Jeanne d'Arc.

D'une famille remontant à Pierre Cousinot, Cosinot ou
Cousinet, procureur du roi à Auxerre, anobli en 1411 et alors

fixé à Paris (1), Guillaume est né dans la dernière moitié
du xivᵉ siècle (de 1350 à 1370) ; d'abord « notable avocat
au Parlement », attaché aux ducs Philippe et Jean *sans Peur*
de Bourgogne, après le meurtre ordonné par ce dernier,
de Louis Iᵉʳ, duc d'Orléans, il se montra hostile à la maison de Bourgogne et se rallia à la cause du Dauphin et à la
maison d'Orléans, pour laquelle il manifeste dans ses écrits,
une complaisance marquée sur tout ce qui la concerne. Souvent même, dit l'auteur déjà cité, des événements de famille
prennent, sous sa plume affectueuse, les proportions de faits
historiques; par là, il trahit le caractère de *domesticité* qui est
propre généralement à tous les chroniqueurs du xvᵉ siècle,
tels que P. de Cagny, G. Gruel, J. Chartier, Berry, Chastelain, Monstrelet, etc., dans leurs Chroniques des ducs d'A-
lençon, de Richemont, de Charles VII, des ducs de Bourgogne, etc.

Charles, duc d'Orléans, qui considérait Guillaume Cousinot, comme un des plus fidèles de sa maison et avait en lui
la plus grande confiance, le nomma, en 1414, garde des
sceaux et chancelier du duché d'Orléans. « C'est à lui, dit
Vallet, (auquel nous renvoyons pour plus amples renseignements), que le duc d'Orléans, prisonnier en Angleterre,
depuis la malheureuse journée d'Azincourt (1415), adressa
de sa prison les confidences les plus intimes, les plus importantes; à lui qu'il confia la gestion de son domaine, le soin
de sa rançon, le dépôt de sa famille et de son foyer. Les titres
originaux de la maison d'Orléans-Valois, nous offrent les
preuves multipliées des services que G. Cousinot rendit au
prince captif dans ces remarquables circonstances ». — Il
vivait encore en 1442, fort âgé, se démit des fonctions actives
de garde des sceaux, mais conserva celles de chancelier du

(1) Rietstap, dans son *Armorial général* fait mention d'une famille
Cousinot, établie à Paris et en Bretagne ayant pour armes : *D'azur à
3 colombes d'argent*. La colombe est en science héraldique le symbole
de l'amour chaste, d'une vie pure, de la simplicité, de l'obéissance, etc. Elle est toujours représentée en argent, très rarement
d'un autre métal ou émail. Elle figure dans les armes de plusieurs
familles d'Italie, et en France dans celles de familles de Normandie,
d'Auvergne, du Périgord, du Languedoc.

Montesquieu (Languedoc) porte : D'azur à 3 colombes d'argent; les
mêmes armes que celles attribuées à la famille Cousinot.

duché jusqu'à sa mort. — Il avait épousé Laurence ou Lorette, fille de Pierre Lorfèvre, chancelier dudit duché, en
1418; ils eurent trois enfants : Guillaume et deux filles, dont
une, nommée Catherine, épousa Gasse de l'Isle, gentilhomme de Compiègne.

De par sa charge de chancelier qui consistait à présider à
la gestion générale: administration de la Justice, expédition
des actes officiels et à leur exécution dans toute l'étendue du
duché (1), les mandats pour gages, dons, récompenses, etc.,
émanant du duc, Guillaume Cousinot était obligé de résider
à Orléans, ville capitale du duché. La maison qu'il habitait
au moment du siège était désignée sous le nom d'hôtel du
Grand Saint-Martin, situé rue de la *Clostrerie*, paroisse de
Saint-Pierre-Lentin. Cet hôtel et ses dépendances, ainsi que
d'autres biens, sis à Orléans et en Beauce, confisqués sur Enguerrand de Vauxaillon, Marguerite Renard, son épouse, et
Jacques, leur fils, comme tenant le parti des Anglais et des
Bourguignons, avaient été donnés par le roi à Guillaume
Cousinot et à son épouse en compensation des biens qu'ils
possédaient dans la Picardie et l'Ile de France, et dont les
Anglais et Bourguignons s'étaient emparés (2).

(1) Le chancelier recevait 1200 livres tournois comme traitement
annuel, etc. — Jacques Boucher, 600 livres tournois. Raoul de Gaucourt, 250 livres, le prévôt, 100 livres, par an. — D'après M. de Wailly,
la livre tournois a valu sous Charles VI entre 13 fr. 28 et 4 fr. 77; sous
Charles VII entre 12 fr. 05 et 6 fr. 14; sous Louis XI entre 8 fr. 20 et
6 fr. 99. La moyenne se rapproche plus souvent du plus haut chiffre
que du moindre. Les écus, les saluts et les royaux valaient à peu près
un quart en plus de la livre. Il y avait une différence d'un sixième en
plus entre la livre parisis et la livre tournois. Il est difficile, sinon impossible, dit Ch. d'Héricault, de donner l'équivalent en monnaie actuelle de celle qui avait cours au XVe siècle, à cause de la valeur relative qui changeait selon les objets et selon les temps. On veut
que ces sommes soient multipliées par 10 et même par 40 pour arriver à ce résultat.

(2) A cette époque et même plus tard, la dénomination d'hôtel s'ap-
pliquait à toute maison bourgeoise quelle qu'elle fût, et, comme il
n'y avait pas de numéros pour les distinguer entre elles, on désignait
chacune par une appellation quelconque prise le plus souvent d'un
sujet représenté sur la façade. — L'hôtel du Grand Saint-Martin, ainsi
appelé du saint de ce nom figuré sur la façade, occupait l'angle méridional de l'ancienne rue de Semoy, à son intersection avec celle du
Battoir-Vert (aujourd'hui rue Parisie) et porte actuellement (en 1889),
dit M. B. de Molandon, le nom de la rue des Grands-Ciseaux, qui,
depuis 1898 a été remplacé par celui d'Etienne-Dolet. — Dans cet hô-

Guillaume Cousinot qui aimait les lettres, figure parmi les membres de *la Cour Amoureuse*, fiction littéraire remontant à 1419; — C'est pendant son séjour en notre ville, que, pour occuper les loisirs que lui laissaient ses fonctions, il se mit à composer la *Geste des nobles Françoys*, dont nous venons de parler, tout en tenant le duc d'Orléans, son maître, au courant de ce qui concernait le duché (1).

Instruit des desseins de Bedford, régent en France, pour le jeune roi Henri VI, d'Angleterre, de s'emparer d'Orléans, et par ainsi, forcer le Dauphin Charles à se retirer dans les provinces du midi, et même à quitter le royaume, G. Cou-

tel ou maison qui porte encore le nº 11, on a, en 1887, installé l'école libre et l'externat de jeunes filles de Sainte-Croix.

« Dans une transaction datée du 27 Août 1430. et passée devant Pierre Chauvreux, garde du scel de la prévôté d'Orléans (Il ne figure point dans la liste des prévôts dressée par Beauvais de Préau), Guillaume Cousinot délaisse à Marguerite Renard, veuve d'Enguerrand de Vauxaillon et à son fils, les *biens et métairies* confisqués sur son défunt mari et sur elle. Il conserva seulement en toute propriété, la maison de l'Image du grand Saint-Martin ou hôtel du Grand Saint-Martin *qu'il habitait depuis longtemps*, est-il dit dans l'acte; et paya à Marguerite Renard, la somme de 350 royaux d'or. — « Le fils du chancelier, Guillaume Cousinot, licencié en lois, conseiller et maître des requêtes de l'hôtel du roi, président Delphinal, vendit le 1er Août 1443, ledit hôtel lui appartenant, à Jehan le Prestre, licencié en lois, garde de la Prévôté d'Orléans. pour le prix payé comptant de 450 livres tournois. » J. BOUCHER, p. 458.)

Dans la cour de ce vaste immeuble en briques, se dresse une tour carrée, à toit aigu. C'était la Tour du Guet. On voit encore, dit M. Lepage, dans ses *Rues d'Orléans*, au sommet les ouvertures qui servaient au guetteur à observer les environs. Au XVIe siècle, cette maison reconstruite ou restaurée alors, appartenait à Nicolas Compaing, conseiller du roi au grand Conseil, et chancelier du roi de Navarre.

« Cette vieille habitation à l'aspect sévère et presque monumental, est aussi connue sous le nom d'*hôtel du Chevalier du Guet*. Or, l'acquéreur de 1443, J. le Prestre, garde de la Prévôté, était à ce titre, maître du *grand et petit guet*. En 1564, Charles IX disjoignit le grand du petit guet, et dota notre ville de l'office tout spécial du *Chevalier du guet*. La vue et le plan géométral de ce vieil hôtel ont été, dit M. B. de Molandon, déposé il y a quelques années dans les archives de la commission des Monuments historiques, comme un des édifices particuliers des plus intéressants. » (*id.* 494-495.)

(1) Dans « 1re *expédition de Jeanne d'Arc* », M. Boucher de Molandon écrit p. XI, que le chancelier composa sa *Geste* en 1429 ou 1430. — C'est là une allégation qui ne repose sur rien de sérieux. Les recherches auxquelles se livra le chancelier pour cette composition historique durent lui prendre un certain nombre d'années; mais en 1428, il mit de côté ce travail de longue haleine pour se consacrer exclusivement aux faits du siège consignés par lui dans un Mémorial ou Journal, depuis le 12 Octobre 1428 jusqu'au 8 Mai 1429 et même jusqu'aux mois de Juillet et de Septembre suivants.

sinot prit les mesures nécessaires pour être renseigné exactement sur ce qui allait se passer. Il se constitua, dès lors,
l'historiographe spécial de l'invasion anglaise dans l'Orléanais, dont l'issue pouvait être si fatale à la cause du Dauphin
et à celle du duc d'Orléans, comme à la monarchie et à la nationalité française, en notant les faits au fur et à mesure
qu'ils allaient se produire afin de compléter sa *Geste*, pour
cette partie du règne de Charles VII. Aussi pour tout ce qui
se passa sous ses yeux durant le siège mis devant Orléans et
consigné par lui dans son *Mémorial* ou *Journal*, est-il une
autorité historique incontestable: il n'a pas cette même valeur documentaire, quoiqu'étant encore d'un grand poids,
lorsqu'il parle des prises de Jargeau, de Meung, de Beaugency, de la bataille de Patay; il n'est plus alors témoin oculaire des événements, mais il les raconte d'après des récits à
lui faits par les capitaines y ayant pris part. Il en est de
même en ce qui concerne l'armée royale à Gien, sa marche
sur Reims et dans l'Ile de France. — Ceci répond aux assertions de Quicherat et de Vallet, que le *Journal* comprend
deux parties : la première, les faits du siège écrits jour par
jour par un témoin oculaire; la seconde, composée d'après
les *Chroniques* de Berry, de Chartier et de Cousinot de Montreuil; assertion qui, de leur part, n'est nullement fondée,
comme on le verra dans les pages qui vont suivre.

Après avoir dans *la Geste des nobles*, relaté très sommairement la délivrance de Montargis, le recouvrement par les
Français de Marchenoir, de la Ferté-Bernard, de Nogent-le-
Rotrou, du Mans, puis de la perte de cette ville (chap. 225-
229, reproduits dans *La Chronique de la Pucelle*, chap. 23,
27), Cousinot expose comment Salisbury, qui était parti
d'Angleterre avec une puissante armée, se rendit maître de
Nogent-le-Roi, du Puiset, de Toury, de Janville, de Meung,
et livra l'église de Cléry au pillage (*Geste*, chap. 230-235;
Chr., chap. 30-33); puis le 8 Septembre « vint à grande puissance en bataille ordonnée, faire *visage* devant Orléans »,
pour permettre à son charroy de passer sans encombres. Il
y eut des escarmouches entre les Français et les Anglais et
ceux-ci après avoir éprouvé quelques pertes, se retirèrent à
Meung (*Geste*, chap. 235-236; — *Chr.*, chap. 33). Salisbury

qui, étant à Janville, avait le 5 Septembre, envoyé deux hérauts à Orléans pour sommer les habitants de se rendre,
s'empara, le jour de saint Firmin (25 Septembre), de Beaugency, puis de Marchenoir, la Ferté-Hubert, Sully, Saint-
Benoist, Jargeau et Châteauneuf-sur-Loire. — Le 7 Octobre,
les Anglais vinrent à grande puissance de Jargeau à Olivet
et au faubourg Saint-Marceau. — Et le mardi 12 Octobre,
formèrent le siège d'Orléans, du côté de ce faubourg (Geste,
chap. 237-241. — Chr., chap. 34-35).

Nous ne saurions trop faire ressortir l'importance de ce qui
vient d'être dit et de ce qui suit. La Geste raconte sommairement la marche victorieuse de l'armée anglaise qui se dirige
sur Orléans pour en former le siège, et, par la prise de cette
ville, se rendre maître des provinces du centre de la France.
Par la narration, on voit que l'auteur est arrivé à ce moment
décisif. Or, si l'on compare le contexte de la Geste à partir du
commencement du siège, avec celui du Journal consacré à
cet événement, resté anonyme, on est frappé de la similitude
de rédaction, d'énoncé des faits, etc.; tout semble indiquer
que la même plume a rédigé les deux ouvrages. Pour continuer sa Geste, il lui faut à présent prendre note de ce qui va
se passer sous ses yeux. De là, le Mémorial ou Journal sur le
siège, que sans faire précéder d'aucun préambule, il commence de suite, en disant que le 12 Octobre 1428, les Anglais
parurent devant Orléans, etc.

Ce début simple est des plus significatifs, car, il démontre
que l'auteur — quel qu'il soit — du Journal, entreprit ce
travail de notes journalières pour le fondre, en tout ou en
partie, dans un autre travail déjà commencé. — Or, en l'état,
nous ne voyons que le chancelier qui, ayant composé la
Geste, dans laquelle il parle de Charles VII, et s'arrête au
moment où les Anglais allaient investir Orléans, devait
chercher à se documenter à ce sujet.

C'est donc ici, dans la Geste, qu'on lit l'exposé sommaire
de ce qui se passa audit siège. Le récit est pris du Journal ou
Mémorial, rédigé en présence même des événements par
Guillaume Cousinot, qui y a relaté jusqu'aux moindres faits.
C'est ce Mémorial ou Journal qui, d'après Vallet, a été écrit
par le chancelier pour tenir au courant le duc d'Orléans, son

maître, alors prisonnier en Angleterre; et c'est encore, selon
nous, ce travail manuscrit des notes journalières du siège
qui lui a servi à compléter sa *Geste* pour tout ce qui était
relatif aux années 1428 et 1429. — Nous ne nous expliquons
pas, nous ne pouvons comprendre, qu'en présence de ces
faits de guerre et de ceux relatifs au siège et à Jeanne d'Arc,
rapportés dans le *Journal* et reproduits en partie dans la
Geste, composés tous les deux par Cousinot, Vallet qui signale la similitude qui existe dans les récits de ces compositions, et par ainsi, ayant eu son attention mise en éveil, n'ait
pas pensé un seul instant, à attribuer celle du *Journal* au
chancelier, et à le considérer alors comme étant la source
première d'information tant pour le siège que pour Jeanne
d'Arc, au lieu de dire que ce même *Journal* (1), dont il fait
auteur un bourgeois ou un clerc d'Orléans, avait emprunté
à la *Geste* ou à la *Chronique*, dite *de la Pucelle*. — C'est, de
la part de Vallet, errer grandement que de présenter la *Geste*
ou la *Chronique de la Pucelle* comme ayant fourni au *Journal*, qui est le premier travail composé sur cet événement si
important de notre histoire. Vallet nous paraît, ici, avoir
suivi l'exemple de ceux qui, écrivant la biographie d'un auteur quelconque, veulent, à n'importe quel prix, rehausser
le mérite de son œuvre. Cet érudit argumente donc à
maintes reprises pour vouloir démontrer que la *Chronique
de la Pucelle* qui, entre parenthèses, laisse à désirer pour
l'exactitude des faits, est l'œuvre par excellence sur le siège
d'Orléans et sur Jeanne d'Arc; et que c'est de cette *Chronique*, d'elle seule, qu'on a extrait tout ce qui a été écrit sur
ces deux sujets (2).

(1) M. Cuissard n'admet pas que Cousinot le chancelier soit l'auteur de la *Geste;* et au dire de Vallet, que l'auteur du *Journal* l'aurait
mis à contribution pour son travail, il objecte « qu'on ne sait pas à
quelle époque fut composée cette *Geste;* puis comment un récit aussi
abrégé qu'est celui de cet ouvrage pouvait-il inspirer l'auteur du
Journal? Ne pourrait-on pas affirmer avec autant de vérité, que c'est
le *Journal* qui a fourni à l'auteur de la *Geste* les éléments de son
récit? »
Notre texte répond à la question posée par M. Cuissard.

(2) Vallet va même encore plus loin en disant que « J. Chartier a eu
en *communication* la *Chronique de la Pucelle* et y a emprunté beaucoup de passages; voire les propres termes et même les paroles en différents endroits. » — Il n'est guère admissible que Cousinot de Mon-

Par ce qui précède, on peut, dès à présent, dire quel est l'auteur du *Journal du Siège*, dont l'importance documentaire est aussi grande pour l'histoire d'Orléans que pour l'histoire générale.

Ce qui suit va fortifier encore cette proposition.

Cousinot, le chancelier, alors habitant Orléans, et qui, comme nous venons de le voir, avait déjà dans sa *Geste des nobles Françoys* mentionné la marche victorieuse de Salisbury vers l'Orléanais, et les prises des villes et châteaux au Pays Chartrain, dût encore bien plus se préoccuper de ce qui allait se passer devant Orléans et dans le pays dont il avait la gestion.

Un des premiers de la ville et du duché, de par ses fonctions de garde des sceaux et de chancelier du duc d'Orléans, qu'il représentait officiellement, il était par cela même, mieux que personne, bien placé pour suivre et commenter les événements, en prendre note, soit comme témoin oculaire, soit par ses rapports fréquents, et on peut dire journaliers, avec le bâtard d'Orléans (1), qui, comme lieutenant-général de Charles VII, pour le fait de la guerre, avoit pris en mains le gouvernement militaire de la ville. — Avec Raoul de Gaucourt, qui en était à la fois gouverneur et bailli (2), les capitaines et chefs de guerre, et avec les douze

---

treuil ait communiqué sa *Chronique* à Chartier, sachant que celui-ci était l'historiographe officiel du roi et qu'il devait faire mention de la Pucelle. C'est là une allégation toute gratuite de la part de Vallet qui ne repose que sur quelques passages identiques contenus dans les deux *Chroniques*. Cousinot et Chartier ont puisé à une source commune, qui est ici, le *Journal* ou *Notes du siège*.

(1) C'était le beau temps des bâtards. Philippe le Bon n'eut, dit Michelet, que 16 bâtards, mais il n'eut pas moins de 27 femmes, 3 légitimes et 24 maîtresses. Un duc de Clèves a 63 bâtards. Jean de Bourgogne, évêque de Cambrai, officie pontificalement avec ses 36 bâtards et fils de bâtards qui le servent à l'autel. Jean Ier, roi de Portugal, Henri de Transtamare, roi de Castille, étaient bâtards. — L'habile et hardi Dunois avait déclaré à 12 ans, qu'il n'était pas fils du riche et ridicule de Cany; qu'il ne voulait pas de sa succession; qu'il s'appelait le « bâtard d'Orléans ».

(2) « Gaucourt, diplomate attitré de Charles VII, capitaine d'Orléans au moment du siège, n'avait cessé, tout vaillant homme de guerre qu'il fût, de contrecarrer, de vicier par les moyens les plus sournois et perfides toute l'action personnelle et triomphante de la Pucelle. — Il est d'après tous les historiens, un de ceux sur qui doit peser à cet égard, un des jugements les plus durs et les plus mérités ».

2

procureurs qui géraient alors les affaires de la Cité. — Il ne peut donc être mis en doute, un seul instant, que Cousinot n'ait pris une part très active à la défense de la place, les comptes de commune et de forteresse, recueillis par l'abbé Dubois et reproduits par MM. Charpentier et Cuissard dans leur édition du *Journal*, le prouvent suffisamment. D'autre part, J. Chartier nous apprend dans sa *Chronique de Charles VII*, qu'en l'hôtel du chancelier du duché, se tint, le vendredi 6 Mai, un Conseil de guerre où l'attaque des Tourelles fut décidée pour le lendemain, et, comme on sait, couronnée du plus heureux et brillant succès (1).

Si, dans sa *Geste des nobles Françoys*, à la composition de laquelle il se consacrait depuis longtemps, Cousinot y avait déjà relaté sommairement la marche et les conquêtes des Anglais; à plus forte raison, devait-il faire mention dans cette

---

· A ce nom néfaste on peut, on doit même, y adjoindre ceux de l'archevêque de Reims, de Georges de la Trémouille, ministre favori de l'incapable Charles VII et de ce roi lui-même, desquels la conduite à l'égard de Jeanne fut inique. Ces personnages qui sont une honte pour les familles auxquelles ils appartiennent doivent être mis au pilori de l'histoire pour leur conduite odieuse et infâme envers la vierge de Domrémy.

(1) M. B. de Molandon dit que durant le siège, les conseils de guerre se tinrent soit dans les hôtels du chancelier et du trésorier général, soit dans la chambre des procureurs, à la tour *Saint-Samson* ou dans les salles voûtées du Châtelet.

Le *Journal*, la *Chronique de la Pucelle* et celle du 8 Mai font mention de ces conseils de guerre, sans indiquer où ils furent tenus. Dans le *Mystère*, on voit le receveur convoquer à cet effet, bourgeois et capitaines *en la Chambre de la Ville*. La tour Saint-Samson était le lieu de réunion desdits procureurs; le Châtelet ne servait, d'après Dubois, que pour l'adjudication à faire de divers impôts.

Seul parmi les chroniqueurs, J. Chartier indique la demeure du chancelier où se tint le conseil de guerre du 6 Mai. — D'où pouvait provenir ce renseignement ?

Cette mention de l'historien de Charles VII n'était pas sans avoir un certain intérêt, mais pour être complète, il fallait connaître la situation exacte de l'hôtel qu'habitait Cousinot à ce moment. — Ce point d'histoire locale était resté à élucider jusqu'au jour où M. B. de Molandon, précisa le premier, en 1889, dans son opuscule sur *Jacques Boucher*, que cette maison était désignée : *hôtel du Grand Saint-Martin*, situé rue de la Clouterie.

A propos de ce conseil de guerre du 6 Mai. Quicherat dit à tort, qu'il fut tenu chez J. Boucher; M. Mantellier a reproduit cette erreur dans son *Histoire du siège* et dans le *426e anniversaire;* de même a fait M. B. de Molandon. Par une note publiée dans les Mémoires de la Société Archéologique de l'Orléanais (Août 1909), M. Jarry a démontré d'après les textes, qu'il ne s'était jamais tenu de conseil de guerre dans la maison du trésorier J. Boucher.

même *Geste*, et comme en étant une suite, un complément obligé, des événements qui allaient se produire devant Orléans. — De là, les notes journalières prises par lui, — enregistrant tout, faits importants, essentiels, comme faits presque insignifiants; par exemple, la femme Belle, tuée le 17 Octobre d'un coup de canon; le 21, même mois, Gaucourt se dénouant le bras en tombant de cheval; le 1ᵉʳ Décembre, un boulet anglais tombant au milieu de cinq personnes attablées sans en blesser aucune; un autre boulet frappant, le 17 Janvier, un Orléanais à un pied et le déchaussant sans lui causer du mal; — 30, même mois, Simon Baugener, blessé mortellement à la gorge par un trait d'arbalète; — et autres petits faits semblables, ainsi que l'arrivée d'hommes d'armes, de munitions, de vivres, en plus ou en moins grand nombre ou quantité, soit pour les assiégés, soit pour les assiégeants.

Ces détails qui, dès l'abord, peuvent paraître futiles, ne sont cependant pas déplacés dans un *Journal* ou *Mémorial*, car parfois, plus d'un de ces petits faits peuvent avoir un certain intérêt, servir même à en préciser un autre bien plus important. Du reste, Cousinot a procédé comme procèdent tous ceux qui se livrent à de semblables travaux: des notes sont prises ou recueillies en grand nombre, dont souvent la plus grande partie n'est pas utilisée. C'est, en la circonstance, ce que le chancelier a fait, et il n'a extrait du *Journal* que les événements les plus importants pour les insérer dans la *Geste*.

Ces notes furent écrites par lui sur des feuilles volantes, ainsi que le donnent à penser, et même mieux le prouvent, les multiples erreurs de dates, de transpositions, etc., résultant d'un mauvais classement desdites feuilles dans son manuscrit, notamment pour la dernière semaine de Janvier. Ce qui a fait dire à Berriat Saint-Prix qu'il y avait dans ledit *Journal*, un double emploi d'une semaine. Dubois a signalé et rectifié ces erreurs qu'à tort il attribue à la négligence des imprimeurs de l'édition de 1576, puisqu'on les lit dans les quatre copies manuscrites du travail de Soubsdan ; elles seraient du fait de ce dernier ou du premier copiste des notes du chancelier. Il semble bien que Quicherat ne s'en est pas aperçu; du moins, il ne dit autre chose à ce sujet, à la date du 29 Janvier, que ceci: « Lacune de deux jours. Elle est dans les ms. aussi bien que dans les imprimés. »

Peu de temps après la levée du siège, Cousinot quitta l'hôtel du Grand Saint-Martin, pour aller habiter avec Lorette, son épouse, l'hôtel de la *Herse* (1), sis rue de la Rose ou de la Chévrerie, que, suivant un acte du 4 Mars 1430, ils avaient pris à bail pour 59 ans, du chapitre cathédral, à titre de rente ferme ou pension, de xx livres par an. Ils y demeurèrent jusqu'en 1439, que le chancelier partit d'Orléans pour se retirer à Paris, dit Vallet, où le roi venait de le nommer président à mortier, au Parlement; ou à Compiègne, d'après M. Boucher de Molandon. Avant son départ et après en avoir fait usage pour sa *Geste*, il remit son manuscrit sur le siège et sur Jeanne d'Arc aux procureurs qui le déposèrent aux archives de la ville; il en fut, dès lors, le document le plus important de son histoire.

(1) « *Hôtel de la Herse*, ouvrant par devant rue de la Rose, et par derrière rue de la Chévrerie, tenant d'une part aux hôtels des religieux d'Ambert et d'autre part à ceux de la Seraine (Sirène) et des Trois-Pas. Sur le plan de Fleury (1640), la rue de Chevrye occupe la place de la rue actuelle de la Vieille-Monnaie.
En 1462, messire Guillaume Cousinot chevalier : fils et héritier pour une tierce part du chancelier et de feue damoiselle Lorette, son épouse, renonça sur la demande du chapitre Cathédral, et au nom de ses deux co-héritiers, au bail de 59 ans et leur délaissait cet hôtel. » (J. Boucher, p 388 et suivantes.)

CHAPITRE II

Les procureurs de la ville firent copier le manuscrit sur le Siège. — Cette copie déposée à la Chambre commune fut consultée par les chroniqueurs. — Nouvelle copie faite par Soubsdan en 1466. — Importance de cette date. — L'auteur du Journal n'a pas emprunté, mais, au contraire, fourni aux autres. — Opinions erronées de Quicherat, de Vallet, à ce sujet. — Le Chancelier n'a pas écrit le Journal sur l'ordre des procureurs. — Du rôle que ceux-ci remplirent pendant le Siège. — Quel fut celui de l'évêque et du clergé d'Orléans à l'égard de Jeanne d'Arc, pendant son séjour dans cette ville.

Ainsi venu en la possession desdits procureurs, le *Journal du Siège* subit-il de leur part ou par leur ordre des changements ou modifications dans une première copie qu'ils en firent faire ? — Quicherat et Vallet sont pour l'affirmative. Ces deux historiens ont raison. Il est de toute évidence que les notes du chancelier sur le siège ne nous sont pas parvenues telles qu'elles furent rédigées par lui. Le *Journal* ne devait en être que la reproduction exacte; mais il n'en est pas ainsi comme le démontrent d'abord le style de la *Geste* rapproché de celui du travail de Soubsdan (V. p. 97 et suiv.), puis les erreurs de dates, de faits, d'anachronismes et des interpolations qu'on lit dans l'édition qui en a été publiée par Hotot, en 1576.

Ecrivant le *Journal* en 1428 et 1429, le chancelier, ne pouvait, à ces dates, désigner le comte de Clermont, *duc de Bourbon*, qui ne prit ce titre qu'en 1434; — le bâtard d'Orléans, *comte de Dunois*, qui ne le fut qu'en 1439 (1); — dire

---

(1) Dans le *Journal*, au moment où l'armée royale est aux champs, près de Dammartin en Gouelle, on voit le *comte de Dunois* demander à Jeanne si elle savait quand elle mourrait et en quel lieu ? Et quelques pages plus loin le *bâtard d'Orléans*, faisant partie du corps de réserve de l'armée française se préparant à combattre Bedfort près de Montpilocr.

Cuissard observe à ce sujet que le *Journal* ne parle que du *bâtard d'Orléans*, et une seule fois du *Comte de Dunois*. Cette unique mention ne doit pas, dit-il, tirer à conséquence.

Au contraire, il faut en tirer cette conséquence, que le passage parlant du *comte de Dunois* n'a pas été écrit en 1429, mais en 1439, année où le bâtard prit le titre de *comte de Dunois*. L'interpolation

d'Ambroise de Loré « depuis prévôt de Paris », ce qui n'eût lieu qu'en 1437; — de René, duc de Bar et de Lorraine, frère du roi de Sicile, et « depuis roi de Sicile et comte d'Anjou », ce qui arriva en 1434 et 1438; — du page Aymard de Puiseux, « qui estoit de grand'hardiesse, et bien le montra depuis en plusieurs faits d'armes tant en ce royaume comme en Allemaigne et ailleurs ». Il ne fut connu que sous Louis XI, après 1466. L'incise *depuis* démontre suffisamment l'interpolation.

Il ne pouvait également dire dans cet ouvrage, aux dates des 14-17 Février 1428 (1429, n. s.) :

« Environ ces jours Jeanne à Chinon, est présentée au roi », puisqu'alors on ne savait absolument rien d'elle ni de sa mission, non seulement à Orléans, mais encore dans cette partie de la France. La vérité est que Jeanne passa à Gien au commencement du mois de Mars, arriva à Chinon, le 6 du même mois et trois jours après fut présentée au Dauphin. Toutes ces fautes et interpolations ne peuvent raisonnablement être imputées au chancelier, car, témoin des événements qu'il enregistrait au fur et à mesure qu'ils se pas-

soit dans le texte, soit comme note marginale dans le *Journal*, ne peut un seul instant être mise en doute.

Or, par une coïncidence à signaler, ces deux dénominations de *comte de Dunois* et de *bâtard d'Orléans* se lisent également dans la *Chronique de la Pucelle* et dans le *Mystère* pour les mêmes faits. De plus, dans la *Chronique*, à la rescousse de Montargis, 1427, on parle du *comte de Dunois* au lieu de *bâtard d'Orléans*, comme le dénomme la *Geste* pour cette affaire.

En présence de la similitude des textes du *Journal*, de la *Chronique* et du *Mystère*, on est amené à se demander laquelle de ces trois compositions a fourni aux deux autres. Voici notre réponse, conforme à celle déjà faite par l'abbé Dubois : Le chancelier aura mis des notes marginales sur son manuscrit qu'il conserva jusqu'en 1439, lesquelles furent comprises dans le texte par le premier copiste, et reproduit tel par Soubsdan. Ce serait alors le *Journal* qui aurait fourni à la *Chronique de la Pucelle* et au *Mystère*. On pourrait citer bien des exemples de notes marginales fondues dans le texte, celui entre autres de Monmerqué qui, dans son édition des *Historiettes, de Tallemant des Réaux*, inséra dans le texte les notes écrites par l'auteur sur les marges de son manuscrit.

Ce que nous venons de dire pour le *bâtard d'Orléans* peut être dit également pour le *comte de Clermont*, tantôt désigné ainsi, tantôt *duc de Bourbon*, en 1427, 1438, 1429, dans les *Chroniques de Charles VII et de la Pucelle*, qui ont copié le *Journal*. Seul, le *Mystère* ne désigne le comte de Clermont que sous ce titre.

saient, il ne pouvait, comme nous venons de le voir, donner à Clermont, au bâtard d'Orléans, à Loré, à René, etc., des titres ou qualités qu'ils n'avaient point à ce moment du siège. De même, il n'a pu et ne pouvait écrire la phrase qui se lit dans le journal, au dernier alinéa de la journée du 17 février. « Combien que toutes les choses déclairées en cestuy chapitre (celui où il est parlé de l'arrivée de Jeanne à Chinon), se firent à plusieurs fois et à divers jours, mais je les ay ainsy couchées pour cause de briefveté »; puisque *entre les dates des 14 et 17 février, on place des faits qui ne furent connus qu'après le 9 ou 11 mars* : et plus exactement au retour à Orléans, le 19 mars, de Villars et de Jamet du Tilloy, envoyés par le bâtard d'Orléans, vers le 6 mars, à Chinon, pour être renseigné sur le fait de cette pucelle (Quich. 3. III — dépos. de Dunois). Celle-ci ayant, lors de son passage à Gien, déclaré publiquement qu'elle ferait lever le siège mis devant Orléans par les Anglais; puis mènerait le Roi à Reims pour y être sacré. Ces nouvelles étaient venues jusque dans Orléans et avaient causé parmi les habitants une sorte d'incrédulité; mais cependant, mêlée d'une lueur d'espérance, ainsi qu'on le lit dans la *Chronique du 8 mai*.

On ne peut admettre que l'alinéa : « Combien que... » a été écrit par le chancelier. La logique s'y oppose : on ne parle pas à propos d'un fait qu'on enregistre au moment même où il se produit, d'événements qui viennent longtemps après, par conséquent alors inconnus.

C'est le contraire qui a toujours lieu : à un fait *présent*, on y joint ou *rappelle des faits antérieurs*. Néanmoins, il faut reconnaître qu'il régnait un certain désordre dans le classement des notes du siège prises sur des feuilles volantes; et que ce désordre devait ou aurait dû disparaître à une rédaction régulièrement faite, soit par le chancelier lui-même, soit par le premier copiste de ce travail.

Revenons aux erreurs, interpolations et anachronismes qui ne sont pas particuliers au *Journal* puisqu'on en lit de semblables dans les chroniques du temps. On doit, comme nous le disons page 19, les mettre sur le compte d'un premier travail de copie des notes du siège exécuté, sans doute, par ordre des procureurs, un certain temps après que le chancelier leur eut fait, en 1439, la remise de son manuscrit, travail que Quicherat admet comme ayant précédé celui de Soubsdan. Ou encore en rendre responsable ce dernier qui, en 1466, fut chargé par les magistrats municipaux de transcrire sur parchemin les notes du siège.

A moins qu'en dernier ressort on ne veuille croire que le chancelier, en possession de son manuscrit jusqu'en 1439, année où il s'en dessaisit, aurait, et c'est, selon nous, ce qui a probablement eu lieu, écrit en marge des pages des faits postérieurs au siège, insérés plus tard dans le texte par le copiste. Cela répond à la remarque d'A. France, que les vers du *Mystère*, qui donnent le titre de comte de Dunois au bâtard d'Orléans, ne peuvent être plus anciens que le 14 juillet 1439, date où il eut ce comté.

Quant à Aymard de Puiseux, ce qui le concerne ne peut avoir été écrit par le chancelier. S'il en avait été autrement, c'est-à-dire le combat des pages français et anglais, consigné à la date du 3 avril dans le *Journal*, l'auteur du *Mystère*, qui a suivi constamment cet ouvrage pour la relation des faits, n'aurait certainement pas omis d'en faire mention dans son poème, car ce combat de pages était aussi intéressant, sinon plus, que celui de Gasquet et de Védille contre deux Anglais dont parle le *Journal* à la date du 31 décembre 1428, et raconté dans le *Mystère* en 22 pages et près de 600 vers. Du silence gardé par le poète sur cet épisode de pages, il faut en conclure qu'il n'existait pas dans le manuscrit du chancelier, et qu'il a été introduit dans le travail de mise au net du *Journal* exécuté par le clerc Soubsdan en 1466, sur l'ordre des procureurs, et par ainsi faire leur cour, à Aymard de Puiseux, alors personnage important promu depuis peu (1466), par Louis XI, au commandement général des francs-archers de *deça la Loire*, comprenant l'Orléanais.

C'est, pensons-nous, la seule et la meilleure explication à donner de l'interpolation dans le texte de ce combat de pages français et anglais, et d'après laquelle des historiens, notamment Quicherat et Vallet, ont voulu, comme consé-

quence, *reporter* la rédaction du *Journal* après 1466, et par
suite induire, bien à tort, comme on vient de le voir, que
l'auteur du *Journal* avait emprunté aux chroniques de
Berry, de la Pucelle, de Charles VII, etc., lorsque tout
prouve que c'est le contraire qui a eu lieu : le *Journal* étant
la source où les chroniqueurs contemporains se renseignèrent sur le siège et sur Jeanne d'Arc.

Après le premier travail de copie des notes du chancelier,
et avant celui de la mise au net par Soubsdan, ces mêmes
notes, déposées aux archives de la ville, avaient été consul-
tées, non seulement par Cousinot de Montreuil pour sa *Chronique de la Pucelle*, par J. Chartier pour celle de Charles VII,
mais encore par l'auteur anonyme du *Mystère du siège* et
par celui également anonyme de la *Chronique du 8 mai*.
Ceux-ci empruntèrent au *Journal* bien des faits que, du
reste, nous signalons dans l'édition de cet ouvrage que nous
nous proposons de publier prochainement. Nous ne citerons ici, à titre de simple démonstration, que les trois faits
suivants :

Le bourg de Bar, prisonnier des Anglais depuis le 9 février, enferré des pieds et des mains, mené par un moine
augustin, puis délivré le 8 mai.

Le gentilhomme d'Anjou qui, venant de prendre la place
occupée par le duc d'Alençon, est tué d'un coup de veuglaire parti du haut des murs de Jargeau (fait non mentionné par J. Chartier).

L'écuyer d'Auvergne Guillaume Regnault, faisant prisonnier, à Jargeau, le comte de Suffolk, et la scène de chevalerie qui eut alors lieu.

Ce sont là des faits caractéristiques qui ne pouvaient être
notés que par un témoin, et sur place, pour ainsi parler. Il
est, par conséquent, tout naturel qu'ils se lisent dans le
Journal, ainsi que d'autres énumérés dans cette étude; et il
est aussi tout naturel de voir J. Chartier, Cousinot de Montreuil, l'auteur du *Mystère* et celui de la *Chronique du 8 mai*,
faire ces emprunts au *Journal* dont le manuscrit était déposé

à la maison commune d'Orléans, pour, à leur tour, les mentionner dans leurs ouvrages traitant du même sujet (1).

Ce n'est cependant pas l'avis de Vallet, car toutes les fois que dans la *Chronique de la Pucelle* il rencontre un passage que par analogie on lit dans le *Journal du Siège*, il ne manque pas de dire qu'il *est reproduit dans ce dernier ouvrage*, entendant par là que l'auteur dudit *Journal* l'avait emprunté à ladite *Chronique*.

Il en est de même de Quicherat qui, pour pareils motifs, veut que l'auteur du *Journal* ait puisé dans Chartier et Berry.

A entendre ainsi parler ces deux historiens, on croirait véritablement que les compositions littéraires ou historiques, à peine terminées, étaient de suite copiées, recopiées, puis répandues dans le public. Cela eut lieu aux XIII⁰ et XIV⁰ siècles pour les poésies légères : fabliaux, dits, contes, lais, ballades, sirventes, tensons, composés par les trouvères et les troubadours, et aussi pour les poèmes sur Charlemagne et les douze pairs, le roi Arthur et la table ronde, etc., énumérés dans le fabliau des deux *Troveors ribauz* (V. Rutebeuf, édition Jubinal) qui étaient racontés ou chantés par les ménestrels dans leurs pérégrinations à travers la France, et alors connus de tous, par suite des multiples copies qui en avaient été faites.

Mais Quicherat et Vallet savaient aussi bien que nous, sinon mieux, qu'il n'en était point tout à fait de même pour les chroniques historiques du XV⁰ siècle. En ce temps-là, comme en celui actuel, les auteurs, jaloux de leurs œuvres manuscrites, n'étaient pas plus que ceux de nos jours, disposés à les communiquer et encore moins à les confier à un quelconque, sachant surtout qu'il s'occupait du même su-

(1) Ces trois anecdotes : Bourg de Bar; — Gentilhomme d'Anjou; — et Guill. Regnault, sont rapportées dans la *Chr. de la Pucelle* sans que Vallet de Viriville fasse connaître si elles figurent ou non dans la *Geste* : Il se borne à dire, pour la première, qu'elle est reproduite dans le *Journal du Siège;* pour la deuxième, il cite la déposition du duc d'Alençon en ajoutant : Cf. *Journal du Siège.* Enfin, pour la troisième, Vallet dit simplement par un renvoi : *Journal du Siège.*

C'est donc dans ce document que se trouve la première mention de ces faits.

jet : ils s'en gardaient bien dans la crainte qu'il n'en fût
pris copie, du tout ou d'une partie; ainsi que fit Mayer pour
ses *Annales Flandriæ* dans lesquelles il inséra le travail manuscrit du faux Amelgard qu'il avait en mains; — sans en
faire autrement connaître l'auteur que par ces mots : *un
contemporain*. C'est par une exception presqu'unique que
l'on voit Lefebvre de Saint-Rémy, roi d'armes de la Toison
d'or, envoyer les mémoires composés par lui, étant très âgé,
à G. Chastelain, historien célèbre de cette époque, à titre de
renseignements et pour en user à sa volonté.

Après le décès d'un auteur, son travail manuscrit allait
souvent augmenter ceux qui figuraient déjà dans les « librai-
ries » des princes ou des grands seigneurs, des couvents,
abbayes, archives communales ou autres dépôts publics. Les
plus précieux de ces manuscrits étaient placés sous un gril-
lage avec, à côté, une tige de fer pour en tourner les feuillets; ou encore fixés par des chaînes à un corps solide, et cela
afin que les manuscrits ne fussent ni volés, ni détériorés.
C'est ce que nous apprend Martial d'Auvergne, dans ses *Vi-
giles de Charles VII*: « Le dit procès est enchaisné. En la librairie Notre-Dame de Paris. » (Il s'agit du procès de la Pucelle appartenant à Guillaume Chartier, évêque de Paris et
un des juges de la réhabilitation, qu'il légua à son église.)

L'abbaye de Saint-Denis était riche en manuscrits. On
venait de très loin pour y consulter les chroniques contenues
en sa « librairie », notamment celles désignées sous le titre de
Grandes Chroniques de France ou de Saint-Denis, que Guill.
Guiart lut pour composer sa *Branche aux royaux Li-
gnages*. La B. N. possède les chroniques manuscrites de
Berry le Héraut, de Monstrelet, etc.; celle d'Arras, G. Chastelain; de Rouen, le *Bourgeois de Paris;* au Vatican sont
la *Chronique du 8 mai*, le *Mystère du Siège*, etc.

Cela se continua ainsi jusque vers la fin du xve *siècle*, où
l'imprimerie, cet art récemment inventé, « par inspiration
divine », écrit H. Martin, d'après Rabelais, en répandant
partout les productions de la pensée humaine, porta un
coup fatal à la corporation des maîtres écrivains, peintres et
enlumineurs.

Ce que nous disons s'applique à la *Chronique de la Pucelle* comme à celles de J. Chartier, de Berry, terminées après 1456. On sait que l'imprimerie fut installée à Paris en 1470, et que les *Grandes Chroniques de Saint-Denis*, 3 vol. in-4°, comprenant celle de Charles VII, par J. Chartier, fut le premier ouvrage paru en français, 1475-1476. La traduction française du *Manipulus Curatorium*, imprimé en 1491 par Mathieu Vivian, est le premier livre connu qui soit sorti des presses d'Orléans (1).

Cette digression faite, revenons au *Journal du Siège*. Il s'arrête au mois de septembre 1429; mais la fin de cet ouvrage, ou du moins sa revision, doit être reculée jusqu'en 1439, puisqu'on y donne au bâtard d'Orléans le titre de *comte de Dunois*, qu'il prit cette même année. Conséquemment, cela a dû être écrit par le chancelier en marge des pages de son manuscrit resté en sa possession jusqu'en 1439, que quittant Orléans, il le remit aux procureurs de cette ville. Dans ces conditions, on se demande comment le chancelier aurait pu emprunter à des chroniques terminées si longtemps après la sienne. Ne serait-il pas plus logique d'admettre que le *Journal*, faisant partie des archives communales d'Orléans, aurait été consulté par Cousinot de Mon-

---

(1) Dans le « Catalogue des Incunables et éditions rares qui sont à la B. P. d'Orléans », publié par M. Cuissard, sous-bibliothécaire, Orléans, 1895 », sous les n°ˢ 81 et 82, figurent classés A 2227 Montrocher (Guide). — *Manipulus Curatorum*. Genève 1480. — Petit in-4° car. gothiq. à longues lignes, 23 lignes, 214 ff. reliure, bois. — *Floriacensis monast...* »

« A 2227 *bis*. Montrocher (Guide). — *Doctrinal des prêtres*. Orléans 1490. Petit in-4°, car. gothiq. à longues lignes; licorne comme filigrane, 3 ff. — Ces feuillets ont été concédés, en septembre 1866, par la B. N. en considération d'un don fait à elle par M. Boucher de Molandon. »

D'autre part, on lit dans « *Les débuts de l'Imprimerie à Orléans*, par J. Jarry, Orléans, 1884 » :

« *Manipulus Curatorum*, ou *Manuel des Curés*, ou *Doctrinal des prêtres*, par Guy du Rocher, ou du Mont du Rocher, imprimé le 31 Mars 1491 (n. s.). par Mathieu Vivian, imprimeur à Orléans. — Petit in-4° de 244 feuillets sans chiffres ni réclames, mais avec des signatures A-Z, Z-Q. A-F. Le seul exemplaire connu appartient à la B. N. Ce livre, très répandu dans le clergé, était en pleine faveur au moment de la découverte de l'imprimerie. Il eut plus de 50 éditions dans le cours du xvᵉ siècle. On cite celles d'Augsbourg, 1471; Paris, 1473 et 1476; Saragosse, 1475; Angers, 1477 Vienne (Autriche), 1482 ; Orléans, 1491, etc.

treuil, Berry, Chartier, etc., comme étant le document authentique sur le siège et sur Jeanne d'Arc, et alors aurait prêté au lieu d'emprunter comme le prétendent Quicherat et Vallet. Pour certains faits qui se passèrent durant la marche de l'armée sur Reims, la campagne de l'Ile de France, dont on remarque l'analogie dans les récits desdites chroniques et le *Journal*, ne peut-on admettre, avec une grande apparence de raison, que ces différents récits peuvent provenir d'une même source d'information, c'est-à-dire d'un capitaine ou chef de guerre racontant à l'un et à l'autre les faits d'armes auxquels il aurait pris part? N'est-ce pas ainsi que procédèrent Froissart, Monstrelet, et, comme eux, un grand nombre de chroniqueurs?

Redisons, encore une fois, que le *Journal* fut la source première et commune où se renseignèrent les auteurs que nous venons de désigner. C'est ce qui explique la reproduction par eux des mêmes faits, et aussi des erreurs contenues dans le *Journal* qu'on retrouve dans ces compositions terminées longtemps après.

Puis vint le travail de *mise au net*, exécuté par Soubsdan, avec ce titre : « *Petit traictié par manière de cronicque...* » de ce qui avait eu lieu à Orléans, jour par jour, pendant tout le temps que dura l'investissement, c'est-à-dire depuis le 12 octobre 1428 jusqu'au dimanche 8 mai 1429, où l'armée anglaise vaincue, leva le siège; et ensuite la campagne de la Loire, la marche sur Reims, le sacre, campagne de l'Ile de France, etc. C'est, sans doute, là, le vieil exemplaire en parchemin, déposé en la chambre commune, que Saturnin Hotot imprima et publia en 1576, avec l'agrément des échevins de la ville, en déclarant le reproduire « mot à mot et sans aucun changement de langage » dont nous parlerons plus longuement, p. 74.

C'est ainsi que les choses durent se passer, et non comme le prétend l'abbé Dubois : « Nous avons un *Journal du Siège d'Orléans écrit dans le temps même, par ordre des officiers municipaux, ou du moins sous leurs yeux.* » Le travail de Soubsdan n'en avait, dit-il, été que la reproduction.

Dubois nous paraît ici avoir confondu les notes mêmes du

siège avec leur mise au net par Soubsdan (1). En effet,
comme nous l'avons précédemment dit, Cousinot, en prenant ces notes, eut un double but, celui d'abord de renseigner le duc d'Orléans sur les événements qui se passaient à
Orléans et dans le duché, et ensuite de faire usage de ces
mêmes notes pour continuer sa *Geste des nobles:* mais il se
consacra à cette tâche de son chef et non par ordre des officiers municipaux d'Orléans, et sans aucunement les consulter. Et ce qui vient corroborer fortement cette assertion, et
par suite détruire radicalement ce qu'avance Dubois, c'est
que Cousinot dans ses notes du siège — depuis *Journal* —
n'emploie que les expressions : *habitants, bourgeois, citoyens, ceux d'Orléans,* pour désigner les Orléanais qui
prirent part à la défense d'Orléans. Aucune mention n'est
faite par lui, pas même une seule fois, des procureurs ou
magistrats municipaux de la ville, ni du rôle qu'ils remplirent pendant toute la durée du siège. Pour Cousinot,
chancelier du duc d'Orléans et son représentant officiel,
tout se concentre dans le commandement militaire exercé
par le bâtard d'Orléans, Gaucourt et les capitaines; il n'a

(1) A cette erreur, Dubois en ajoute une autre, beaucoup plus
grave, dans cette phrase : « Il me paraît certain que l'auteur de cet
intéressant *Journal* n'a accompagné la Pucelle que jusqu'au 15 août
1429. Car il a puisé dans l'*Histoire de la Pucelle* tout ce qu'il rapporte de cette héroïne depuis le 15 août jusqu'à la fin de septembre,
où il termine son ouvrage, parce que l'*Histoire de la Pucelle* finit à
cette époque. Où Dubois a-t-il lu que l'auteur du *Journal* suivit
Jeanne dans son expédition? Dans aucun des récits contemporains
on ne trouve rien qui puisse appuyer si peu que ce soit le dire de
cet historien.
D'autre part, pour justifier son assertion que l'auteur du *Journal*
a copié la *Chronique,* il met en regard deux passages pris de ces
deux ouvrages : le premier parlant de Beauvais qui se soumit à
Charles VII; — le deuxième est celui où le roi ordonna à A. de Loré,
depuis prévôt de Paris, et au sire de Saintrailles d'aller à la découverte de Bedford et de son armée.
Ces deux passages, identiques quant au fond, diffèrent par le
style. Dubois ajoute : les mots *prévost de Paris* étaient probablement
écrits en marge, puis furent compris dans le texte par Soubsdan;
autrement ils prouveraient que la fin du *Journal* n'a été écrite
qu'après 1437, année où A. de Loré fut nommé prévôt de Paris. Nous
répondons à cela page 22. — A ce qu'avance Dubois que l'auteur du
Journal a emprunté à la *Chronique de la Pucelle,* nous dirons avec
M. Cuissard que l'argument n'est pas sérieux, car le contraire pourrait être prouvé de la même façon ; c'est, du reste, ce que nous faisons.

en vue, pour ainsi dire, que les faits de guerre qui, seuls, dans sa pensée, devaient figurer dans sa *Geste*.

Ce silence de sa part à l'égard desdits procureurs, dans le *Journal*, est complet et en même temps caractéristique. Il se remarque également dans la *Geste*, reproduction sommaire des notes du siège, dans la *Chronique de la Pucelle*, extraite de cette même *Geste*, et aussi dans la *Chronique de Charles VII*, pour la rédaction de laquelle J. Chartier consulta le *Journal du Siège*.

La *Chronique du 8 mai* parle des bourgeois et habitants d'Orléans, et *une seule fois* des douze procureurs, à l'occasion de la procession du 8 mai.

Dans le *Mystère du siège*, pour la composition duquel l'auteur contemporain a puisé si largement dans le *Journal*, il est, au contraire, souvent fait mention du receveur et des procureurs (1) comme régissant les affaires de la Cité. Ils font

(1) Dans son « *Etude sur le Mystère du Siège d'Orléans et sur Jacques Millet, auteur présumé du Mystère*, Paris, 1868. » M. Tivier. ancien élève de l'Ecole normale supérieure, professeur de rhétorique au lycée d'Amiens, docteur ès lettres de l'Académie de Paris, dit à propos du mot *receveur* : « Un détail remarquable qui nous montre l'administration municipale dirigée, non par un maire, mais par un receveur des deniers publics suivant un privilège accordé à la ville par une ordonnance royale de 1383. » Il renvoie à Lemaire, qui déclare que les archives de l'hôtel commun ne l'ont pas renseigné sur l'administration de la ville jusqu'à Philippe II, lequel institua 4 *prudhommes* à cet effet; puis ce nombre fut porté à 10 jusqu'en 1383. où Charles VI désigna 12 *procureurs* pris parmi les notables de la ville, un par chacun des 12 quartiers qui divisaient Orléans. Lesquels élisaient un d'entre eux comme *chef receveur* des deniers communs. Mais ceux-ci voyant que cette qualification de procureur devenait commune, étant donnée à ceux qui s'occupent des causes devant les juges, obtinrent de Louis XII, en 1504. que le nom d'*échevin* serait substitué à celui de *procureur*, et que les 12 échevins désigneraient un d'eux pour être *chef* et *receveur* des deniers de la commune. Ce n'est qu'en 1569 que Charles IX ordonna qu'un *maire* serait nommé pour la gérance des affaires municipales. Le premier qui eut ce titre de maire fut Jean Brachet, seigneur de Prouville et de Portmorand, années 1569-1570. Le nom d'échevin s'est continué jusqu'en 1789, où il fut remplacé par celui d'*officier municipal* et celui-ci par *conseiller municipal*.
On peut donc répondre à M. Tivier qu'il ne pouvait pas être question en 1428-29 de maire, fonction qui ne fut effective qu'en 1569. Ce n'est pas, du reste, la seule erreur qu'on trouve dans cette *Etude* : on y lit *Comte de Rays* (p. 11), pour sire ou seigneur de Rays; — *Héraut Remy* (p. 38), pour Héraut Berry; — *Henri IV* (p. 66), au lieu de Henri VI; — Giresme. *templier* (p. 119), au lieu d'*hospitalier;* — Talbot *vainqueur* à Patay (p. 119), lorsque au contraire il y fut fait prisonnier; — *boulet* emportant la *tête* de Salisbury, tandis que

preuve d'une grande sollicitude et d'une non moins grande
activité pour s'assurer de l'état de défense de la ville et veiller
sans cesse à la sûreté publique. Leur rôle y est représenté
comme prépondérant. Le receveur, chargé de l'emploi des
deniers de la commune, annonce à ses collègues les procureurs, aux bourgeois et aux capitaines l'approche de l'ennemi. Il convoque souvent, en la chambre de la ville, ces
mêmes bourgeois, capitaines et procureurs pour conférer
ensemble sur les affaires du siège.

Deux *eschevins* (sic) (1) sont par lui députés vers le Roi
pour demander gens de guerre, argent, vivres et munitions.
Deux autres bourgeois, Guyon du Fossé et Jean de Saint-
Avy, sont, après la défaite de Rouvray-Saint-Denis et le départ d'Orléans, du comte de Clermont, de ses Auvergnats et
de l'évêque Jean de Saint-Michel, envoyés avec Poton, vers le
duc de Bourgogne, à l'effet d'obtenir par lui de Bedford
l'abstinence de guerre, c'est-à-dire la neutralité pour Orléans et le duché, des désastres causés par les Anglais (2) qui
tenaient le siège devant cette ville.

frappé à la tête par un éclat de pierre, il expira des suites de cette
blessure trois jours après, à Meung, où il avait été transporté. Toutes
ces erreurs ne figurent point parmi celles rectifiées par l'auteur dans
les *errata* placés en tête de son *Étude*.

(1) Le mot *échevin* qu'on lit dans le *Mystère* (p. 127), n'ayant été
employé à Orléans, pour désigner ceux qui régissaient les affaires de
la ville, que depuis 1504, il s'ensuivrait que la composition de cet
ouvrage devrait être placée après cette date. (Voy. p. 142).

(2) On ne trouve rien dans les dictionnaires de Trévoux, la Châtre,
Chéruel, etc., au mot *abstinence*, dans le sens que nous cherchons.
Mais ce dernier auteur, au mot *guerre* (droit de), dit : « On appelait
le droit de guerre une somme que les propriétaires du pays où cam-
pait une armée payaient au général de cette armée, pour se garantir
du pillage et obtenir une sauvegarde pour eux et leurs domaines. Ce
droit de guerre était encore en usage aux XVIIe et XVIIIe siècles. Le
général ou chef de guerre donnait alors des lettres de garantie contre
tous pillages et exactions de la part de ses hommes d'armes. Mais il
ne fallait pas manquer de payer au jour indiqué la somme imposée,
sinon le pillage avait cours. »
Les archives de la ville d'Orléans font mention qu'un nommé Gros
Moine alla vers le comte de Salisbury « pour pourchasser (obtenir)
l'abstinence », 1424-1426. (*Invent.*, *somm. des archives de la ville d'Orléans.* C. C. p. 139.)
Lorsque la lutte devint imminente entre les deux nations, le duc
d'Orléans, alors prisonnier en Angleterre, demanda à ce gouvernement l'abstinence de guerre pour Orléans et son duché. Un traité fut
même conclu à ce sujet, mais comme Bedford refusa de le ratifier,
ce traité n'eut point d'effet.

Le receveur annonce aux habitants, aux capitaines et
hommes d'armes la venue de la Pucelle; se rend avec ces
derniers et les procureurs au devant d'elle, à Chécy, et tous
l'accompagnent à son entrée dans Orléans. Ils vont également au devant de Jeanne victorieuse des Anglais par la
prise des Tourelles : lui expriment leur reconnaissance tant
en leur nom qu'en celui des habitants qu'elle vient de délivrer d'un long siège.

En résumé, le *Mystère* est, pour l'importance du rôle que
lesdits procureurs remplirent pendant ces moments critiques, en concordance parfaite avec les comptes de ville,
documents irrécusables qui témoignent du zèle, du dévoue-
ment et de l'activité dont firent preuve ces magistrats avant,
pendant et après le siège. Leurs noms sont cités dans les
mandements qu'ils délivrèrent pour les achats de poudre,
traits, boulets, etc., taxes prélevées sur les habitants pour
ces dépenses, et aussi pour payer la solde des gens de guerre,
canonniers, messagers, les dons faits aux chefs de guerre, à
Jeanne d'Arc, à ses frères, aux grands personnages, etc.

C'est là une constatation qu'il était utile, nécessaire même
de faire, pour démontrer dans quel esprit ont été prises et
écrites par le chancelier ses notes journalières sur le siège.

On vient de voir quel rôle, d'après le *Mystère*, remplirent
les douze procureurs de la ville pendant son investissement.
Il n'est pas sans intérêt de chercher à connaître quel fut celui de l'évêque et du clergé d'Orléans, en ce même temps, à
l'égard de la Pucelle.

M. E. Bimbenet, après avoir, dans son *Histoire de la Ville
d'Orléans*, étudié les documents contemporains sur ce point,
conclut par dire que le rôle de l'évêque et du clergé fut pendant tout le siège *absolument négatif*. « Ni l'évêque, ni aucun membre de l'Église ou des institutions religieuses de la
ville ne se montrent ni avant, ni pendant, ni après le court
séjour de l'héroïne dans la ville dont elle devait être et fut
la libératrice. L'évêque Jean de Saint-Michel, écossais, re-
doutant sans doute le ressentiment des Anglais, s'était réfu-
gié auprès de Charles VII; le pasteur, bien différent de celui
qui affronta la colère d'Attila, avait abandonné son troupeau. Il vint avec le comte de Clermont, et, après la défaite

3

de Rouvray-Saint-Denis, quitta, avec lui et l'archevêque de Reims, la ville assiégée (1). En tous cas, aucun acte qui puisse être attribué au prélat avant l'arrivée de Jeanne d'Arc et pendant ses travaux guerriers dans la ville; aucune relation entre le prélat et l'héroïne, ni même entre elle et les membres du clergé ou les institutions religieuses de la ville n'apparaissent dans cette partie si importante de la vie de la Pucelle » (2-327).

En effet, le *Journal du Siège* marque à la date du 18 février le départ d'Orléans du comte de Clermont et avec lui de l'évêque de cette ville. Pas d'autre mention de ce prélat qui, dit M. Cuissard, « au lieu de soutenir par sa présence le courage des assiégés, préféra suivre la Cour en grand sei-

(1) Il ne vint à Orléans qu'après la délivrance. C'est pour cela, dit l'abbé Dunand, qu'il n'est pas question d'aucun rapport de cet évêque avec Jeanne d'Arc. »

Le reproche que fait M. Bimbenet au *pasteur d'avoir abandonné son troupeau au moment du péril* n'en subsiste pas moins, car il est justifié.

Jehan Karmichael, Kirmichael ou de Saint-Michel, Ecossais, était l'écuyer et le chapelain du comte de Douglas et vint en France avec lui. Il assista à la bataille de Baugé (1421), où les Anglais, commandés par le duc de Clarence, furent défaits. Kirmichael s'y distingua par sa bravoure, attaqua et tua Clarence.

Charles VII récompensa les services de cet écuyer chapelain en le nommant chanoine des églises de Bourges et d'Orléans. Il devint évêque d'Orléans, en 1426, et figure en cette qualité comme témoin dans plusieurs actes officiels. Il mourut en 1437-38.

Jouffray d'Eschavannes fait mention de Karmichael, en Ecosse, avec ces armes : d'argent à une fasce ondée d'azur et de gueules. — Et Rietstap, des Carmichael Amstruster, en Ecosse, portant : Ecartelé aux 1er et 4, d'argent à 3 piles de sable; aux 2 et 3 d'argent à 1 fasce câblée ou ondée d'azur et de gueules, avec la devise : *Perüssem ni per üssem*. Toujours prest.

L'abandon par cet évêque de sa ville assiégée si justement flétri par les historiens orléanais, fut imité par un de ses successeurs.

En 1567, les protestants étant entrés par surprise dans Orléans, « l'évêque Mathurin de la Saussaye et son Chapitre se retirèrent à Tours et laissèrent les chrétiens exposés aux cruels traitements de la soldatesque protestante ».

C'était par crainte de la fureur des hérétiques ,dit Lemaire, que cet évêque avait quitté Orléans. Mais S. Guyon excuse le prélat d'avoir quitté Orléans, où les catholiques étaient persécutés; il mettait, dit-il, par son départ, en pratique cet avis salutaire de Notre-Seigneur : « Quand ils vous persécuteront en cette ville, retirez-vous en une autre. »

Pour l'abbé Pelletier, « la Saussaye gouverna son Eglise avec un zèle admirable dans les temps les plus difficiles. Il eut la douleur de voir les églises abattues, ses prêtres massacrés ou dispersés et dut lui-même se retirer à Tours. »

gneur ». Même silence pour ce qui concerne le clergé au
moment de l'entrée de Jeanne à Orléans, le 29 Avril. Mais
le samedi 7 mai, après la prise des Tourelles, le *Journal* fait
connaître que tout le clergé et le peuple chantèrent moult
dévotement *Te Deum*, *Laudamus*, et firent sonner toutes les
cloches de la ville. Le lendemain dimanche, il en fut de
même, puis procession et visites des églises, ainsi que le
raconte la *Chronique du 8 mai*.

Celles de la Pucelle et de Charles VII sont muettes sur le
rôle du clergé pendant le siège et le séjour de Jeanne à
Orléans. Du reste, on sait que le haut clergé était loin de
se montrer sympathique à l'égard de l'héroïne, qui n'avait
auprès d'elle que des moines et des prêtres d'ordre inférieur.
On connaît l'hostilité que l'archevêque de Reims, Regnault
de Chartres, ne cessa de lui manifester (1). Quicherat dit
dans ses *Aperçus nouveaux*, page 97, que l'opinion défavo-
rable de l'Université de Paris sur la Pucelle eut pour effet
d'influer dans ce sens sur le clergé de Charles VII.

Le *Mystère* est dans le même esprit que le *Journal;* il con-
firme le dire de M. Bimbenet. L'évêque venu avec Clermont
assiste à la défaite de Rouvray-Saint-Denis, puis quitte avec
lui la ville assiégée, « car il luy desplaist beaucoup de la
chose », c'est-à-dire de voir que « la ville est close d'An-

(1) Dans la lettre qu'il adressa aux habitants de Reims, pour leur
apprendre la prise de Jeanne à Compiègne, l'archevêque représente
ce malheur comme étant un jugement de Dieu parce qu'elle ne voulait pas, dit-il, entendre conseil et faire tout à son plaisir. Cette lettre
témoigne de quelle haine était animé ce haut dignitaire de l'Eglise
contre la pauvre Jeanne.
Ces dispositions malveillantes étaient partagées par la Trémoille.
Ce ministre favori, ce nouveau maire du palais d'un nouveau roi
fainéant, ne cessa, lui aussi, de se montrer hostile à Jeanne. Cou-
pable de meurtre, de pillage, de concussion, de plus de crimes qu'il
n'en fallait pour faire tomber sa tête, il eut l'impudence d'en faire
publiquement l'aveu, pour obtenir des lettres royales de rémission.
Une sorte de triumvirat existait entre ces deux néfastes personnages, et G. de Flavy, gouverneur de Compiègne. Blanche de Nesles,
mère du chancelier, avait, par un premier mariage, épousé Raoul de
Flavy. Guill. de Flavy, né en 1395, sans être de la famille du chancelier, lui était donc attaché par quelques liens. Il était devenu son
pupille et avait été élevé sous sa direction. Il avait rempli des charges
sous les ordres de la Trémoille et accompagné dans plusieurs missions et au sacre. Il commandait à Compiègne comme lieutenant de
la Trémoille, qui avait obtenu du roi le gouvernement de cette place.
(WALLON, 1, 285 et suivantes ; 11, 422 ; et ci-dessus, p. 18.)

glais ». Mais il y revint après la délivrance, et au sacre fit fonction de pair ecclésiastique en remplacement de l'évêque duc de Laon, dont la ville était au pouvoir de l'ennemi.

Dans la *Chronique du 8 mai*, on lit que le dimanche, jour de la levée du siège, prêtres et gens d'église chantèrent belles *ymnes*, et, après la journée de Patay, il fut ordonné par l'évêque d'Orléans, le clergé, le bâtard d'Orléans, les bourgeois et les habitants, qu'une procession serait faite le 8 Mai pour perpétuer le souvenir de la délivrance miraculeuse d'Orléans.

S'autorisant de cette dernière chronique, M. Boucher de Molandon a, dans son opuscule : « *La délivrance d'Orléans* », voulu, mais sans y parvenir, prouver que l'évêque d'Orléans et le clergé avaient pris une certaine part à la défense de la ville. « On avait remarqué, dit-il, avec quelque malignité peut-être, qu'aucun témoignage émané du clergé orléanais d'alors ne se rencontrait dans cet unanime concert de gratitude et de respect. Le texte de ladite chronique comble cette lacune et fait justice d'un reproche immérité. »

Le texte de la *Chronique du 8 mai* étant rédigé dans le sens de ceux du *Journal* et du *Mystère*, l'argument que M. Boucher de Molandon veut en tirer tombe à faux et l'assertion de M. Bimbenet reste avec toute sa force.

CHAPITRE III

Le Journal du Siège est le premier et le plus important document sur cet événement historique. — Il fut écrit par le chancelier afin de continuer sa Geste pour cette partie du règne de Charles VII. — De cette Geste a été extraite la Chronique de la Pucelle publiée par Cousinot de Montreuil. — Appréciations de Quicherat et de Vallet sur cette Chronique. — C. de Montreuil a-t-il ou non emprunté aux dépositions de témoins de 1456 ? — Exceptions à faire à ce sujet. — Texte du Journal rapproché de celui de la Geste. — Le chancelier y a inséré des faits pris dans le Journal.

Le *Journal*, le premier et le plus important document sur le siège de 1428-1429 doit donc, d'après tout ce qui précède, être considéré comme étant l'œuvre de Cousinot le chancelier, qui alors habitait Orléans. Il le composa avec la pensée bien arrêtée qu'il lui servirait à parfaire un autre travail entrepris par lui, la *Geste des nobles Françoys*, mais en n'en prenant que les principaux événements, tel, au reste, qu'il convient de faire pour un ouvrage d'un intérêt général, ainsi qu'était la *Geste*. (V. p. 51 et suiv.)

Plus tard, de cette *Geste des nobles*, fut extraite, par Guillaume Cousinot, dit de Montreuil, neveu et filleul (1) du

(1) D'après divers documents cités dans la notice sur *Jacques Boucher*, établissant que le chancelier eut *un fils* nommé Guillaume, M. Boucher de Molandon s'est cru fondé à dire que c'est ce fils, Guillaume Cousinot, qui prit le *surnom de Montreuil*, et que Vallet donne à tort comme neveu du chancelier. « Notre rectification, si elle était admise, tendrait à accroître l'autorité du *précieux récit*, dit la *Chronique de la Pucelle*, qui, selon toute vraisemblance, se trouverait alors l'œuvre de deux témoins oculaires, le chancelier et son fils personnellement associés aux faits qu'ils racontent. »

La thèse de M. B. de Molandon, adoptée par l'abbé Dunand, ne peut être admise pour les raisons ci-après, déduites des documents mêmes publiés par lui :

D'un acte daté du 6 juin *1431*, il appert, dit-il, que le chancelier délaissa par don entre vifs à *son fils Guillaume Cousinot, le jeune*, étudiant en l'Université d'Orléans, « afin de luy aider à soutenir son état », de tous les biens sis en Beauce que le Roi lui avait donnés et confisqués sur Hugues, Guillaume et Jean, fils de feu Laurent Lamy. »

Disons de suite qu'on ne comprend guère cet abandon de biens par le chancelier à son *jeune fils*, pour lui aider à soutenir son état d'étudiant à Orléans, puisque celui-ci, *alors jeune* et suivant les

chancelier, la partie relative aux sept premières années du règne de Charles VII. — Mais, d'après Vallet, la méthode, le plan et surtout l'intelligence qui se remarquent dans le travail de Cousinot de Montreuil, désigné sous le titre de *Chronique de la Pucelle* (1) sont tout différents de ce qui se voit

cours universitaires, devait, il nous semble, habiter avec son père. Toutefois on pourrait, à l'extrême rigueur, expliquer autrement cet abandon de biens. « Si la vie se trouvait alors à bon marché, les livres surtout, dit M. J. Jarry, coûtaient horriblement cher. Dans les registres des notaires, on voit les bons parents se livrer à mille expédients pour constituer aux étudiants des revenus ou une pension. La même formule revient sous la plume du rédacteur de l'acte, c'est toujours « pour subvenir et aider au dit étudiant à avoir et quérir ses vivres, *livres* et autres nécessités au dit estat ». (*Les débuts de l'Imprimerie à Orléans*, par J. Jarry, 1884.)

Ces dispositions pouvaient s'appliquer aux étudiants d'Orléans, étrangers à notre ville; mais peut-on en dire autant pour le fils du chancelier, tous les deux demeurant dans le même hôtel ?

Ce fils désigné, en *1431* comme *jeune étudiant*, ne devait, à cette date, être âgé que de 15 à 18 ans; ce ne serait donc pas lui qui était à Poitiers au moment où Jeanne y parut. Donc deux Guillaume Cousinot, l'un *fils* du chancelier, et l'autre *neveu* dudit chancelier; c'est ce dernier qui aurait pris le surnom de Montreuil.

Le chancelier eut trois enfants, un fils et deux filles, ainsi que le constate un acte de 1462, au sujet de l'hôtel de la Herse. (Voy. p. 20.)

En cela, on rectifie et complète Vallet, qui ne donne au chancelier qu'une fille nommée Catherine, mariée à Gasse de l'Ile. D'après cet historien, Guill. Cousinot de Montreuil était fils de Richard Cousinot II, frère du chancelier et par conséquent *neveu* de ce dernier : et non son fils comme l'écrit par erreur M. B. de Molandon. Il serait né vers 1400 : résidait à Poitiers au moment où Jeanne y subit son examen. A partir de 1438, il devint conseiller du roi, puis maître des requêtes; en 1442, premier président du Conseil delphinal. Fait chevalier au siège de Rouen et nommé bailli de cette ville. En 1451, les Anglais le firent prisonnier à la suite d'un naufrage et le Roi lui vint en aide pour acquitter sa rançon. Il fut chargé de missions importantes, etc. C'est vers 1450 qu'il aurait acquis la seigneurie de Montreuil, près Paris, dont il prit le nom. En faveur auprès de Louis XI, celui-ci le fit son chambellan. Il mourut vers 1482.

Inutile de dire que ces diverses fonctions ou charges énumérées par Vallet sont attribuées par M. Boucher de Molandon à Guillaume, *fils* du chancelier.

(1) « L'incomparable *Chronique de la Pucelle* ne peut avoir été écrite que par un *clerc* attaché à sa chapelle, c'est-à-dire à son service religieux et qui eut le bonheur de pouvoir rendre témoignage de la mission de Jeanne d'Arc, après avoir suivi l'héroïne sur le champ de bataille depuis son entrée à Orléans assiégé par les Anglais jusqu'au sacre de Reims. »

C'est Paul Lacroix qui, dans son ouvrage des « *Sciences, lettres et arts du moyen âge* », a écrit ces lignes où il y a autant d'erreurs que de mots. Ses dires sont sans importance, ainsi que l'adjectif *incomparable* qu'il applique à cette *Chronique*. Dans tous les cas, ce ne serait point par sa valeur historique qu'on pourrait la qualifier d'*incomparable* : elle n'offre rien que de très ordinaire et de plus laisse

dans la *Geste*, modeste abrégé toujours dépassé en étendue et souvent contredit. La *Geste* raconte les faits avec timidité et crainte, car son auteur écrivait sous l'œil du maître; au contraire, la *Chronique de la Pucelle*, est écrite avec indépendance par Cousinot de Montreuil. Vers 1425-1430, il prit d'abord des notes sur les événements qui se passaient, puisa largement dans la *Geste des nobles*, à laquelle il emprunta grand nombre de passages; et, après 1456, il réunit et retoucha son travail qui s'arrête au mois de Septembre 1429, le laissant ainsi inachevé pour une cause restée ignorée.

Fut-il obligé de l'interrompre et n'eut-il, dit Vallet, plus de loisirs de le reprendre? — Malaisée à défendre, répond l'abbé Dunand, vu la longue vie de l'auteur, qui vécut presqu'octogénaire. Il serait plus logique de penser que la suite de la *Chronique* s'est perdue *injuria temporum?* — Ou encore et plus probablement, dirons-nous, que pour la fin de cette *Chronique*, on n'ait mis en pratique le moyen dont on usa pour faire disparaître le procès-verbal de Poitiers et autres documents comme nous l'exposons page 8, à propos de la *Geste des Nobles* dont la fin manque également.

Quoiqu'il en soit sur ce point, c'est ce travail manuscrit portant pour titre: « S'ensuyvent les gestes et aucunes choses advenues du temps du très chrestien et très noble roy Charles septiesme de ce nom », qui fut publiée pour la première fois, *sans nom d'auteur*, par Godefroy, en 1661, et qu'en 1859, Vallet de Viriville a, le premier, restitué à Cousinot de Montreuil.

Par le chapitre Ier : « Trespassement de Charles de France », début de cette *Chronique de la Pucelle*, l'auteur reproduit celui 197 de la *Geste*, pour arriver aux chapitres 35 et suivants : siège d'Orléans et venue de Jeanne d'Arc, qui, dans la *Geste*, font l'objet de ceux 242 et suivants, composés

---

beaucoup à désirer non seulement pour la méthode, le placement des faits et de leurs dates souvent inexactes; mais encore elle fourmille d'erreurs. Nous le démontrons plus loin, p. 119 et suivantes.

Ce qui n'a pas empêché M. B. de Molandon, s'enthousiasmant lui aussi pour cette *Chronique*, de la présenter comme un *précieux récit*. Il faut rabattre de ces qualificatifs qui, en vérité, n'ont point leur raison d'être ici, ainsi que ceux attribués par Vallet à cette même *Chronique*.

par le chancelier, à l'aide des notes prises par lui pendant le siège.

Mais Cousinot de Montreuil, dans sa *Chronique*, dont le texte, d'après Quicherat, est pris presque mot pour mot de la *Geste*, ajouta aux récits sommaires de ce dernier ouvrage, des faits nouveaux dont il avait été le témoin oculaire ou qu'il tenait de capitaines. On veut même qu'il ait reproduit partie des dépositions de cinq témoins entendus au procès de réhabilitation, présentant une grande analogie avec son récit. — C'est l'avis de Dubois, de Quicherat et de bien d'autres historiens ; et ils ont raison (1). — Mais c'est ce que ne veut point admettre Vallet. « Cousinot de Montreuil, dit-il, n'a nullement copié ces témoignages de 1456; témoin lui-même, non du procès de réhabilitation, mais des événements, POSSESSEUR DU MÉMORIAL ÉCRIT PAR LE CHANCELIER D'OR-LÉANS (2), il ne lui était pas nécessaire de consulter le procès de réhabilitation. Au contraire, ceux qui y furent entendus 27 ans après les événements accomplis, auraient eu plutôt besoin, pour raviver des souvenirs éteints, de se reporter à la *Chronique* de Cousinot de Montreuil, ou à celle de Charles VII qui en est, en partie, la reproduction. » (3).

(1) QUICHERAT. *Procès*, vol. IV, p. 220, 223, 227, 233, 235. — En tout, dit Vallet, cinq dépositions de témoins en 1456. Mais n'y en aurait-il qu'une seule, elle suffirait pour justifier le dire de Quicherat.

(2) Vallet dit que Chartier a eu en communication les *Chroniques* des deux Cousinot: la *Geste* et la *Chronique de la Pucelle*, et y a emprunté beaucoup de passages, voire les propres termes et les mêmes paroles en divers endroits.
D'après les raisons exposées p. 20, il n'est guère croyable que Cousinot de Montreuil, en possession du *Mémorial* de son oncle le chancelier, sur le siège et la Pucelle, c'est-à-dire la *Geste*, — puisque le manuscrit des notes prises à ce sujet était à la maison commune depuis 1439, — en aurait donné communication à Chartier, sachant qu'il traitait de ce même sujet. Ce n'est donc là qu'une allégation toute gratuite de Vallet et de Godefroy, ne reposant que sur des passages identiques dans les deux *Chroniques*. Pourquoi ne pas admettre plutôt que Chartier a consulté ou fait consulter le manuscrit sur le siège qui était aux archives de la ville ? Cela expliquerait la similitude de textes signalée.

(3) Cousinot de Montreuil, *possesseur du Mémorial écrit par le chancelier*, vient de dire Vallet. n'est-ce pas là reconnaître formellement que les notes du Siège présentées sous la forme de *Mémorial* ou *Journal*, ont été écrites par le chancelier ? Car par *Mémorial* on ne peut entendre que lesdites notes du Siège qui servirent au chancelier pour compléter la *Geste*.

Il nous faut ici revenir sur ce que nous avons dit page 7,
à propos du mot *histoire*, que Vallet emploie pour le règne
de Charles VI, et de celui de *Journal* pour Charles VII, dont
il se sert pour apprécier ce que dans la *Geste* Cousinot a écrit
sur ces deux rois. — Une différence sensible, on peut même
dire *notable* existe dans l'usage à faire de ces deux substan-
tifs : *Histoire* et *Journal*. Le premier signifie que la chose est
complète, achevée; le second indique seulement que cette
chose n'est qu'ébauchée, à l'état d'esquisse. La distinction
qu'a voulu établir Vallet n'est pas fondée, par cette bonne
raison que, si l'on feuillette la *Geste*, on y voit que la forme
de rédaction est absolument la même pour les deux règnes;
les chapitres ne sont ni plus longs, ni plus courts, plus dé-
veloppés ou plus abrégés, pour le règne de Charles VI, que
pour celui de Charles VII.

Le mot *Journal*, employé par Vallet pour ce dernier règne,
n'aurait alors sa véritable signification, ne conviendrait et
ne pourrait convenir qu'aux notes prises par le chancelier
sur le siège et formant le *Journal* ou *Mémorial* qui, d'après
la propre déclaration de cet historien, *était en la possession*
de Cousinot de Montreuil, neveu du chancelier. Mais comme
le manuscrit sur le siège était, depuis 1439, déposé en la
Chambre commune de la Ville d'Orléans, il ne peut être

« La *Geste* ou *Chronique*, recueillie et développée par son neveu,
était, continue à dire Vallet, ce que nous appellerons la *Chronique
officielle* du duché d'Orléans. Il n'est donc pas étonnant que les
bourgeois ou les *clercs d'Orléans*, auteurs du *Journal du Siège*, et
même que Chartier aient mis à contribution ce document. »
Nous ne cesserons de dire en note, comme dans le texte, que le
Journal n'a pas d'autre auteur que le chancelier; et que ce *Journal*
ou *Mémorial* est le manuscrit que Vallet vient d'attribuer au chancelier. Or, comme ce manuscrit des notes premières était aux
archives en 1439, Cousinot de Montreuil n'aurait eu alors en sa possession que le manuscrit de la *Geste* comprenant les principaux faits
du siège extraits dudit *Mémorial* ou *Journal*, composé par son oncle.
Nous sommes persuadé que si l'attention de Vallet n'avait pas
été exclusivement portée et sur la *Geste* et sur la *Chronique de la
Pucelle*, il n'aurait pas manqué d'être frappé de la similitude des
récits qui se remarque dans la *Geste*, la *Chronique de la Pucelle* et
dans le *Journal*. Et alors, étudiant plus attentivement cette dernière
production, il l'aurait, non pas attribuée à un bourgeois ou à un
clerc d'Orléans, mais bien au chancelier et fait valoir comme étant
la source première en cette matière. Il n'en a pas été ainsi, puisque
ce savant a voulu, contre toute raison, que le *Journal* ait emprunté
à la *Geste* et à la *Chronique de la Pucelle*. Il lui fallait, cependant,
bien peu de chose pour arriver au résultat que nous poursuivons.

question ici que des notes qui en avaient été extraites pour entrer dans la composition de la *Geste*.

Maintenant, revenons à notre propos, comme disaient nos vieux conteurs, c'est-à-dire à l'argumentation de Vallet. Il prétend que Cousinot de Montreuil, possesseur du Mémorial écrit par le chancelier, y a puisé les renseignements que plus tard, en 1456, on retrouve dans les dépositions de témoins du procès de réhabilitation. Vallet argumente à faux, car il oublie que lui-même a reconnu que la *Geste* s'arrête brusquement au siège mis devant Troyes, juillet 1429; et que le *Journal* va jusqu'au mois de septembre suivant. Or, ni dans la *Geste*, ni dans le *Journal*, il n'est fait mention de ces renseignements tirés des dépositions de 1456, mais qu'on trouve relatés dans la *Chronique de la Pucelle*, partie attribuée à Cousinot de Montreuil. C'est donc dans le procès de réhabilitation, c'est là et non ailleurs, dirons-nous avec Dubois, Quicherat, etc., et malgré ce qu'en a écrit Vallet, que Cousinot de Montreuil a pris lesdits renseignements.

Nous ferons, toutefois, une exception pour le fait suivant rapporté dans cette même *Chronique* et dans le *Journal*.

L'armée royale est aux champs, près de Dammartin en Gouelle; les habitants de cette contrée viennent de toutes parts pour manifester leur joie de la présence du roi en criant : Noël! Noël!! Jeanne verse des larmes d'attendrissement, « et soy *tirant à part dit au comte de Dunois : En nom Dieu, vez-ci bon peuple et dévot* : et voudroye que je morusse en ce pays quand je devray mourir. Et celuy comte luy demanda lors : « Jeanne, sçavez vous quand vous mourrez et en quel lieu? — A quoy, elle respondit que non; — et qu'en la volonté de Dieu en estoit, disant oultre à luy et aux *aultres seigneurs* : J'ay accomply ce que Messire m'avait commandé, *qui estoit lever le siège d'Orléans, et faire sacrer le Roy*. Je voudroye *qu'il luy* pleust me faire revenir à mon père et à ma mère, afin que je gardasse mes brebis et mon bestail, et feisse ce que je souloie faire. » Et en rendant grâces à Nostre-Seigneur levoit moult humblement les yeux vers le ciel. Par lesquelles parolles qu'ils veoient estre véritables, et la manière d'elle, creurent tous fermement qu'elle estoit saincte Pucelle et envoyée de Dieu, et si estoit elle. »

Ce texte est celui du *Journal du Siège;* Quicherat le fait suivre de la note suivante :

« Toute cette conversation est tirée de la déposition du comte de Dunois (Voy. ııı-14), mais on a ajouté les paroles qui concernent l'accomplissement de la mission (ıv-189). »

Si cette remarque de Quicherat était admise sans réserve, il s'en suivrait alors que la rédaction du *Journal* serait postérieure à 1456, puisque son auteur aurait lu et reproduit cette partie de la déposition de Dunois au procès de réhabilitation. D'autre part, cet historien a déclaré maintes fois que le *Journal* avait été terminé après 1467, et que l'auteur avait emprunté à la *Chronique de la Pucelle.* — Cela n'est nullement établi; au contraire, c'est le *Journal* qui a fourni à la *Geste* et à ladite Chronique (1). Ensuite Quicherat a eu le tort de vouloir trop généraliser pour les emprunts faits par Cousinot de Montreuil au procès de réhabilitation. Démontrons-le. — Dans la *Chronique de la Pucelle,* on lit :

« Jeanne dit au *chancelier de France* et *au comte de Dunois* : « En nom Dieu, voicy un bon peuple et dévot, et quand je devroye mourir, je voudrois que ce fût en ce pays. » — Et lors ledit comte de Dunois lui demanda : « Jeanne, sçavez vous quand vous mourrez et en quel lieu ? » — Et elle respondit qu'elle ne sçavoit et qu'elle en estoit à la volonté de Dieu. — Et si dit oultre auxdits seigneurs : « J'ay accomply ce que Messire m'a commandé *de lever le siège d'Orléans et faire sacrer le gentil roy;* je voudrois bien qu'il voulût me faire ramener auprès mes père et mère, et garder leurs brebis et bestail, et faire ce que je soulois faire (2). » — Et quand les-

(1) Dans l'édition du *Journal du Siège* que nous préparons, nous signalons par des notes, toutes les fois qu'il y a lieu, l'analogie des faits se lisant dans cette composition et dans la *Chronique de la Pucelle* qui, d'après Vallet, reproduit le texte de la *Geste.* — Nous ne noterons donc dans cette étude que quelques-uns de ces faits.

(2) Dans son volume « *L'Esprit dans l'Histoire* », Edouard FOURNIER dit, p. 120 (5e édition) : « Dans le nombre de ses réponses (Jeanne au procès de Rouen), il s'en trouve une qui aurait dû suffire à détruire l'opinion partout admise que Jeanne était bergère au moment de sa mission. Elle ne l'était pas plus alors que sainte Geneviève ne l'avait été. — Ecoutez-la elle-même le dire à ses juges : « Interrogée si elle avoit apprint aucun art ou métier, dit que oui et que sa mère lui avoit apprins à coudre et qu'elle ne cuidoit point qu'il y eust femme dans Rouen qui lui sceust apprendre *aucune*

dits seigneurs ouyrent ladite Jeanne ainsy parler, et que les
yeux au ciel remercioit Dieu, ils creurent mieulx que c'estoit
chose venue de par Dieu qu'autrement. »

Le fond des deux récits est semblable. Dans la *Chronique*,
il est abrégé et présenté sous une forme plus littéraire que
dans le *Journal* où Cousinot de Montreuil l'a pris. Il y a
quelques variantes de mots. De plus, il est à remarquer que
dans la *Chronique*, Jeanne parle au chancelier et à Dunois,
tandis que dans le *Journal*, c'est à ce dernier d'abord, puis
aux autres seigneurs présents qu'elle s'adresse. — Ensuite,
la phrase finale : « Et quand lesdits seigneurs... » mieux rédigée dans la *Chronique* que dans le *Journal* et visiblement
prise de ce dernier ouvrage, démontre, ainsi que les paroles qui concernent l'accomplissement de la mission de

*chose. Ne alloit point aux champs garder les brebis ne autres bestes. »
(Procès de Jeanne d'Arc, édition Buchon. 1827, p. 18.)*

La citation ainsi donnée par Edouard Fournier est incomplète et,
par suite, l'explication inexacte, car l'alinéa qui suit démontre que
le critique a commis une grave erreur. Il y a dans le texte de Buchon
après les mots : *aucune chose* : « Dit outre : quelle avoit laissé la
maison de son père en partie pour doubte des Bourguignons et quelle
se estoit allée au Neufchastel avec une femme nommée la *Rousse*,
où elle demeura par quinze jours, en laquelle maison elle faisoit les
négoces (soins du ménage) de ladite maison, *et ne alloit point aux
champs garder les brebis ne autres bestes. »*

Il est clair qu'ici Jeanne entend parler de son séjour à Neufchâteau
et non de celui en la maison paternelle. Ce complément de phrase
dont le sens est si précis n'a pas pu échapper à Fournier. Comment
alors expliquer sa rectification, qui est erronée du tout au tout ?
Avant de se prononcer d'une façon si absolue, il aurait bien dû pour-
suivre sa lecture : il aurait lu qu'à la séance du 24 février 1431 : interrogée si elle menoit point les bestes aux champs, Jeanne répondit que
depuis qu'elle a été grande et qu'elle a eu entendement, ne les gardoit
pas, mais aydoit bien à les conduire ès près, en un chastel nommé
l'Isle pour doubte des gens d'armes; mais de son âge, se elle les
gardoit ou non n'en a pas la mémoire. »

Le désir qu'elle manifesta à Dunois de retourner chez ses père et
mère et garder ses brebis et son bétail, ainsi qu'elle avait coutume
de faire, résout péremptoirement ce point de la vie de la Pucelle, et
en même temps infirme ses déclarations au procès de Rouen. Il y a
en apparence contradiction entre ce qu'elle dit à Dunois et ses déclarations à Rouen, mais on sait qu'aux questions que lui faisaient ses
juges, Jeanne ne répondait que ce qu'elle jugeait à propos de dire,
de crainte qu'on en fit une arme contre elle, citant ce dicton que
quelquefois les gens sont pendus pour avoir dit la vérité. Du reste,
aux questions captieuses qui lui étaient posées, elle se bornait à dire:
Passez outre; ou encore : *Ce n'est pas du procès, vous n'en saurez
rien pour cette fois. »* Cet exposé établi sans réplique que Jeanne était
bergère au moment d'accomplir sa mission, c'est à tort que Fournier
a prétendu le contraire.

Jeanne, que l'auteur du *Journal* n'a pas, comme le prétend Quicherat, puisé ces renseignements dans la déposition de Dunois, mais relaté d'après le récit qui lui en avait été fait ou par Dunois ou par un des seigneurs présents à ladite conversation (1).

Trois dates : 1456-1467-1439, sont données ici comme ayant — une d'elles — été celle de la composition du *Journal*. Nous avons, page 24, établi que la date de 1467, indiquée par Quicherat visait le travail de Soubsdan, fait en 1466, et non celui du chancelier. — Pour celle de 1456, nous venons d'y répondre.

Reste l'année 1439. — On a voulu reporter la composition du *Journal* après cette date, parce que le bâtard d'Orléans est ici qualifié de *comte de Dunois*, titre qu'il ne prit qu'en 1439, et ne lui est donné dans le *Journal* qu'en ce seul passage ; AVANT et APRÈS, il est dénommé le *bâtard d'Orléans*, comme nous le disons pages 21 et suiv. Or, à cette date de 1439, le chancelier remit son manuscrit du siège aux procureurs de cette ville; mais alors, comme ce manuscrit était encore en sa possession, il y écrivit en marge d'un des feuillets ce fait qu'il venait d'apprendre ou de Dunois ou d'un desdits seigneurs. Et c'est d'après le *Journal* que Cousinot de Montreuil le reproduisit dans la *Chronique de la Pucelle*.

On ne saurait trop s'arrêter sur cette date de 1439 : elle donne l'explication des compléments que le chancelier ajouta à son travail manuscrit ; en cela, il a agi, comme agissent tous ceux qui écrivent, c'est-à-dire en consignant sur les marges les faits parvenus tardivement à sa connaissance (Voy. page 24), lesquels faits furent, plus tard, fondus dans

---

(1) Le récit de cette conversation de Jeanne avec Dunois reproduite dans le *Journal* et dans la *Chronique de la Pucelle*, a donné lieu à la remarque suivante de Wallon : Est-ce de Dieu ou du Roi dont veut parler la Pucelle, pour être ramenée chez ses père et mère ? — Et ensuite si sa mission se trouvait terminée par le sacre du Roi ? — Le texte est si peu clair qu'on ne peut préciser si c'est de Dieu ou du Roi dont Jeanne veut parler.

Quant à cette mission, elle semble bien dire qu'elle se termine au sacre, qui, en la situation où se trouvait le Roi, était pour lui et la nation une question capitale. Mais on l'a envisagée sous une autre face, à savoir que sa mission était de chasser les Anglais du royaume; et la polémique s'est engagée sur ce point, sans être parvenue à une solution satisfaisante. (Voy. Wallon, liv. IV.)

le texte par le copiste, ainsi que le donne à entendre l'incise *depuis* qui se lit maintes fois dans le cours du *Journal*.

Quicherat a donc fait erreur sur ce point. — Il en est de même pour le gentilhomme d'Anjou qui, à l'attaque de Jargeau, fut tué par un coup de canon, en occupant la place qu'à la recommandation de Jeanne, le duc d'Alençon venait de quitter (1). Quicherat écrit que la *Chronique de la Pucelle* raconte ce fait d'après la déposition du duc d'Alençon, au procès de révision de 1456 (III-96; IV-237), et dit de comparer le récit de la *Chronique* avec celui du *Journal* à ce sujet.

Chronique de la Pucelle : « Cependant on jectoit de la ville, où avoit force traicts de canons et vulgaires, quoy voyant la Pucelle, vint au duc d'Alençon, et luy dist : « Beau duc, ostez vous du logis où vous estes, comment que ce soit, car vous y seriez en danger des canons. » — Le duc creut ce conseil; et n'estoit pas reculé de deux toises, qu'un vulgaire (*sic*) (2) de la ville fut laissé aller, qui osta tout jus la

---

(1) A. FRANCE fait à ce sujet la réflexion suivante : « Le duc d'Alençon admira cette prophétie, sans doute, la Pucelle était venue pour le sauver et elle n'était pas venue pour sauver le sire du Lude. Les anges du Seigneur venaient pour le salut des uns et la perte des autres. »

(2) Le mot *vulgaire* ou *vuglaire* écrit ainsi dans la *Chronique de la Pucelle*, au lieu de *venglaire* qu'on lit dans le *Journal* pour *veuglaire*, mot propre d'une pièce d'artillerie en usage à cette époque. a donné lieu à une bien singulière méprise de la part de l'auteur de : « *Jargeau et ses environs*. Paris, Orléans, 1893. » — C'est le cas de dire que l'auteur de cet ouvrage, M. Leroy, a pris le Pirée pour un homme, en expliquant *vulgaire* par un quelconque habitant de Jargeau, tuant le sire du Lude, puis en cherchant à établir que les habitants de cette ville n'avaient pris aucune part dans la défense contre les Français. En cela, M. Leroy ajoutait encore à sa méprise, puisque, d'après Monstrelet, les habitants de Jargeau combattirent de concert avec les Anglais contre les Français; et que dans le *Mystère du Siège*, on voit Suffolk ordonner que *bourgeois, marchands et gens de métiers de la ville assiégée fassent leur devoir pour la défendre*. Du reste, n'en est-il pas toujours ainsi dans les villes et ailleurs où le vaincu est obligé, bon gré mal gré, de subir les volontés du vainqueur.

Cette méprise de la part de M. Leroy nous en rappelle une autre, non moins surprenante, commise par Berriat-Saint-Prix : Jeanne est blessée par un trait à l'attaque des Tournelles; avant de se retirer à l'écart pour prier, elle dit à un homme d'armes étant là près : « Donnez vous garde *quand la queue de mon estendard touchera contre le boulevart*. » Lequel un peu après luy dist : « Jeanne la queue y touche. » Alors elle dist : « Tout est vostre, et y entrez. » Berriat Saint-Prix rend cette phrase par : « ...elle dit que, quand la *queue*

teste à un gentilhomme d'Anjou, assez près dudict seigneur, et au propre lieu où il estoit quand la Pucelle parla à luy. »

Dans le *Journal* : « Et entre les nostres (françois) fut, par un coup de l'ung de leurs venglaires, ostée la teste à un gentilhomme d'Anjou qui s'estoit mis environ la place dont le duc d'Alençon par l'advertissement de la Pucelle, luy remonstrant qu'il y estoit en péril, s'estoit tiré arrière tant soubdainement qu'il n'en estoit pas encores à deux toises loing. »

Le récit de la *Chronique* est, — comme celui de la conversation de Jeanne avec Dunois, — mieux rédigé que dans le *Journal*. Dans ce dernier ouvrage l'incident est relaté par le chancelier, à sa date sans aucune apparence d'interpolation, comme il l'a appris le lendemain, soit du duc d'Alençon, soit de Jeanne ou encore de tout autre capitaine ou chevalier qui, après la prise de Jargeau, vinrent à Orléans le lundi 13 Juin, et y séjournèrent pendant trois jours. Donc rien de la déposition du duc d'Alençon au procès de 1456, pas plus pour la *Chronique de la Pucelle* que pour le *Journal*, qui est le premier document relatant cet incident du siège et de la prise de Jargeau. Et c'est à cet ouvrage que Cousinot de Montreuil l'a emprunté ; ainsi que l'auteur du *Mystère*. On est, cependant, quelque peu surpris que Perceval de Cagny, n'en ait fait aucune mention, dans sa *Chronique du duc d'Alençon*. Comment expliquer le silence gardé par lui à ce sujet? Car c'est là, dans cette *Chronique*, qu'on devait, avant tout, lire cet incident.

Ces faits et autres contenus dans les dépositions du procès de réhabilitation et aussi dans le *Journal*, démontrent que très peu de temps après leur accomplissement, ils étaient racontés par les uns et par les autres, et aussitôt recueillis et enregistrés par l'auteur du *Journal*, tels qu'ils avaient été entendus par lui. Il est tout naturel que plus tard — 27 ans après — on les relise dans les dépositions de 1456, plusieurs même amplifiés ou altérés selon que la mémoire des témoins

---

de SON CHEVAL *se dirigerait contre le boulvart*, il tomberait entre les mains des Français. »

Est-il possible, dans l'un et l'autre cas, de tronquer les textes d'une semblable façon !

entendus était plus ou moins fidèle. Quicherat a donc eu tort de vouloir trop généraliser les emprunts faits au procès de réhabilitation?

La conclusion de tout ce qui précède, est que les notes premières du siège, depuis *Journal*, ont été prises au moment même où les faits se passaient, par Guillaume Cousinot, alors chancelier du duc d'Orléans, dans le dessein de continuer sa *Geste des nobles Françoys*, pour cette partie du règne de Charles VII; mais il n'a pris du *Journal*, pour être inséré dans cette *Geste*, son œuvre principale, que ce qui lui a paru utile pour une histoire générale. Or, comme le fonds de la narration de la *Chronique de la Pucelle*, est le même que celui de la *Geste*, d'où elle a été extraite plus tard par Cousinot de Montreuil pour être publiée séparément; qu'elle reproduit, de l'aveu de Quicherat et de Vallet, le texte de la *Geste*, on peut alors en comparant le récit de cette *Chronique* avec celui du *Journal*, voir ce que le chancelier a extrait de ce dernier ouvrage.

C'est ce que nous allons faire en rapprochant les deux textes. Ce mode de procéder aura pour avantage de permettre au lecteur de juger de suite quelle est celle de ces deux compositions qui a prêté à l'autre..

Vallet cesse de reproduire le texte de la *Geste* après le « chapitre 234. Reddition de Mehung-sur-Loire. » A celui « 235. Pillerie de l'église de Cléry » qui suit, il dit, entre parenthèses : « voyez *Chronique de la Pucelle* », et, par un *nota* : « A partir de ce point, le texte de la *Geste* se trouve reproduit dans la *Chronique*. Il ajoute : « Pour éviter un double emploi qui n'offrirait aucune utilité, nous ne pousserons pas plus loin la transcription des chapitres de la *Geste*, et nous prions le lecteur de se reporter, pour le reste, au texte qui va suivre, celui de la *Chronique*, dite *de la Pucelle*, par Cousinot de Montreuil, fragment de la *Chronique* ou *Geste des Nobles Françoys*, de Cousinot le chancelier. » Nous ferons observer que cette substitution du texte de la *Chronique* à celui de la *Geste*, ne remplit pas tout à fait, à notre avis, du moins, le but proposé par Vallet, car s'il est vrai, que la *Chronique* soit la reproduction de la *Geste*, cela n'a lieu, en tout cas, que pour le fond du récit et non pour la forme qui lui est donnée. Dans la *Geste*, c'est un récit très sommaire des événements avec un style archaïque (1); — dans la *Chronique*, il est, au contraire, plus développé et présenté avec un certain art dénotant que sa rédaction est bien postérieure à l'année 1456. Il suffit, du reste, pour s'en rendre compte, de rapprocher les chapitres 230-235 de la *Geste*, de ceux 30-33 de la *Chronique de la Pucelle*, qui traitent des mêmes sujets, et dont nous avons parlé page 39 et parlons plus loin, page 97. Vallet le constate lui-même lorsque page 278, mettant en regard le texte du ch. 43 de la *Chronique* de celui 250 de la *Geste*, qui parle de la venue de la Pucelle à Chinon, par devant le roy, il dit : « Les deux textes présentent entre eux quelques variantes, et, surtout quelques différences de langage. » De plus, Cousinot de Montreuil a relaté des faits particuliers qu'il tenait de personnages ayant figuré sur la scène politique d'alors, et aussi certains détails pris par lui dans les dépositions de 1456.

Procédons maintenant à l'examen du texte de la *Chronique de la Pucelle* (reproduction de la *Geste*), avec celui du *Journal* (qui a servi à la rédaction de ladite *Geste*). — Toutefois, cet examen, que nous pourrions faire entre ces deux compositions historiques d'une façon complète, ne le sera ici, que partiellement et sur les points essentiels, puisque dans l'édition que nous préparons du *Journal du siège*, nous avons noté au fur et à mesure qu'ils se présentaient les récits analogues se lisant dans ces deux ouvrages (2).

(1) Donnons comme exemple, entre autres, le chap. 233 de la *Geste* : « Prinse d'Yenville par les Anglois. Là furent prins le Gallois de Villiers, Prégent et autres nobles avec les bourgeois de la ville », qui est ainsi rendu par la *Chronique de la Pucelle* au chap. 31, consacré également à « la Prinse de Yenville : Là furent pris le *Gallois de Viliers*, Prégent de COITIVY, QUI FUT DEPUIS ADMIRAL DE FRANCE et autres nobles avec les bourgeois de la ville. »

Le fond du récit de ces deux compositions est le même, mais Cousinot de Montreuil ajoute à celui de la *Geste* des renseignements postérieurs. Prégent fut nommé amiral en 1430 d'après Moreri, ou 1439 selon Vallet. Le chancelier écrivant au moment même des événements ne pouvait conséquemment attribuer la charge d'amiral à Prégent.

(2) Pour ne pas surcharger le texte, nous dirons dans cette note que les chapitres de la *Chronique de la Pucelle* que Cousinot de Montreuil a transcrits de la *Geste* sont tous marqués d'un astérique par Vallet de Viriville, afin de les distinguer de ceux qui appartiennent en propre à l'auteur de ladite *Chronique*. C'est ainsi que le chap. 35 :

Les commencements du siège et les faits qui suivirent sont
minutieusement racontés jour par jour, dans le *Journal;*
son auteur, Cousinot le chancelier, n'a omis aucun détail
pensant avec raison que tel ou tel fait, en apparence futile,
pouvait, le cas échéant, présenter un certain intérêt et servir à la rédaction de sa *Geste;* et, qu'enfin, il est plus facile
d'extraire le moins du plus et non le plus du moins.

Donc, dans la *Chronique de la Pucelle,* les débuts du
siège sont groupés et très sommairement exposés; ils présentent même des variantes avec le texte du *Journal.*

Siège mis devant Orléans, à celui 49 : *Siège levé,* de la *Chronique,*
correspondent à ceux 243-255 de la *Geste. Siège mis, Siège levé.*
Le manuscrit de la *Geste* se termine par le chap. 240 : *Le roi partant de Gien pour se rendre à Reims.* Texte que reproduit la *Chronique.* Mais à partir du chap 56, jusqu'à celui 63, Cousinot de Montreuil raconte, d'après notes et renseignements, la marche de l'armée
royale sur Reims, prises de villes pendant le parcours, sacre, campagne de l'Ile de France, etc.; il finit sa *Chronique* par le chap.63 :
« *Laval pris par les Anglais, le comte de Clermont, lieutenant du Roi
en Picardie, Entreprise sur Rouen,* Sept. 1429. »

CHAPITRE IV

Texte de la Chronique de la Pucelle (reproduisant celui de la Geste), rapproché du texte du Journal du Siège (qui a fourni à la Geste).

CHRONIQUE DE LA PUCELLE
reproduisant le texte de la GESTE

12 Octobre. — Salisbury, la Poule, *Ros.* Lancelot de l'Isle, G. de Halsates, Th. Guérard, Scales, G. de Rochefort, mirent le siège devant Orléans, s'emparèrent des Augustins qui étaient du tout abattus, y construisirent une bastide, puis allèrent devant le boulevard des Tournelles et là jettèrent des boulets sur la ville.

Jeudi 21 Octobre. — Les Anglais donnèrent l'assaut au boulevard du pont *qui dura long-temps*. Les femmes d'Orléans apportèrent aux assiégés vivres, rafraîchissements, pierres, etc., et *combattirent avec des lances*

JOURNAL DU SIÈGE

12 Octobre. — Salisbury, G. de la Poule, comte de Suffort et son frère, Jean de la Poule, Escales, *Foucquemberge*, bailli d'Evreux, *Egres, Moulins, Pomus*, Glacidas, L. de l'Isle, etc., et faux français formèrent le siège devant Orléans.

Même jour et avant la venue de l'ennemi, les Orléanais avaient abattu les église et couvent des Augustins et toutes les maisons au Portereau afin que l'ennemi ne pût s'y loger ou fortifier.

17 Octobre. — Les Anglais jettèrent des boulets sur la Cité où ils causèrent de grands dommages et tuèrent une femme nommée Belle.

17-21 Octobre. — Cette même semaine, les canons ennemis détruisirent 12 moulins sur la Loire, près de la Tour Neuve et Saint-Aignan.

21 Octobre. — Les Anglais donnèrent l'assaut au boulevard du pont qui *dura quatre heures*, de 10 heures du matin à 2 heures du soir. Le boulevard était défendu par Villars, *Mathias*, Guitry, Courras, *Jean* et Poton de

contre *les Anglais*. A cet assaut furent blessés Guitry, Couraze, Villars, Giresmes, Poton, la Chapelle *qui mourut deux jours après*.

Samedi 23 Octobre. — Les Orléanais, apprenant que le boulevard du pont était miné, y mirent le feu, se retirèrent dans les Tournelles, rompirent *aucunes arches* et construisirent un autre boulevard sur le pont, *côté de la ville*.

Dimanche 24 Octobre. — Les Anglais prirent les Tournelles vers *2 heures du soir*, rompirent *une arche* entre le boulevard et lesdites Tournelles et réparèrent celles-ci.

Glacidas, qui y commandait, fit jeter des boulets sur la ville et contre le boulevard où était Giresmes.

Lundi 25 Octobre. — Le bâtard d'Orléans, la Hire, Bueil, Chaumont, Averton, Valpergue, Sainte-Sévère, J. Chabannes, Villars, Couraze, etc., entrèrent ce jour dans Orléans. *Après la venue du bâtard* d'Orléans, advint un jour que Salisbury vint aux Tournelles, et par une fenêtre regarda la ville; il fut, par jugement divin, frappé d'un *éclat d'une pierre de canon* qui entra par la dite fenêtre, perdit l'œil et *cheut à terre* près de Glacidas, avec un autre chevalier qui fut occis de ce même coup.

Transporté *celeement* à Meung, *Salisbury y mourut au mois de novembre*.

Saintrailles, la Chapelle. Les femmes d'Orléans apportèrent aux assiégés vivres, eaux, huiles, cendres bouillantes, etc.

Durant cette affaire, Gaucourt tomba de cheval en parcourant la ville et se dénoua un bras.

22 Octobre. — Les Anglais attaquèrent et minèrent le boulevard du pont.

Ceux d'Orléans rompirent *une arche* du pont et firent un boulevard au *droit de la Belle Croix*, sur le pont.

23 Octobre. — Ils abattirent et brûlèrent le boulevard des Tournelles parce qu'il était miné.

24 Octobre. — Les Anglais prirent les Tournelles et rompirent *deux arches. Celui même jour, au soir, Salebris étant aux Tournelles et regardant la ville par les fenêtres, fut atteint d'un canon qu'on disoit avoir esté tiré de la tour de Nostre-Dame. Mais jamais on ne le sut exactement; il fut dit que c'estoit œuvre divine. Le coup le frappa à la tête, lui abattit la moitié de la joue et lui creva un œil.*

25 Octobre. — Arrivée à Orléans du bâtard d'Orléans, Sainte-Sévère, Bueil, J. Chabannes, Chaumont-sur-Loire, Valpergne, la Hire, Cernay.

27 Octobre. — Mort de Salisbury, à Meung, où il avait été transporté le plus *celeement* qu'ils purent. Son corps embaumé fut envoyé en Angleterre.

Ces premiers rapprochements du texte du *Journal* avec celui de la *Geste*, démontrent clairement déjà que l'un a servi à l'autre. Or, comme la *Geste* ne parle pas de la femme Belles, de la chute de Gaucourt, des femmes d'Orléans repoussant les Anglais avec des lances, qui sont des faits insignifiants ou de très peu d'importance relatés dans le *Journal*, il faut conclure que c'est ce dernier ouvrage qui a fourni à la *Geste*.

D'autre part, il n'y a pas lieu de s'arrêter ici (et dans les pages qui suivent) sur les différences de noms, de mots qui se remarquent entre les deux textes, car, sous la plume de Cousinot de Montreuil, le texte du chancelier a quelque peu été changé et même altéré. En effet, comment expliquer ces mots : « Après la venue du bâtard (25) *advint un jour*, que *Salisbery*…, » puis sa mort indiquée au *mois de novembre*, lorsqu'il est établi que ce fut le 24 octobre, qu'il fut blessé, et mourut trois jours après, le 27.

La description de la bataille de Rouvray-Saint-Denis donnée par Cousinot de Montreuil dans la *Chronique de la Pucelle*, d'après la *Geste*, est visiblement prise du *Journal*. C'est là la relation écrite, sans nul doute, par le chancelier aussitôt après l'événement, avec des renseignements qui lui furent fournis par ceux qui y avaient pris part, et que, plus tard, il inséra dans sa *Geste*.

Les mêmes noms, les mêmes faits, les mêmes incidents se lisent, à quelques variantes près dans l'un et l'autre texte de ces documents.

Le comte de Clermont avec les barons et chevaliers d'Auvergne, du Bourbonnais, etc, partirent de Blois pour se rendre dans les plaines de la Beauce où, de concert avec le bâtard d'Orléans, ils devaient s'emparer d'un convoi de vivres, d'armes, etc., envoyé de Paris par Bedford aux Anglais assiégeant Orléans. La rencontre entre les Français et les Anglais eut lieu le 12 février, à Rouvray-Saint-Denis, vers 2 ou 3 heures du soir. Les batailles furent ordonnées, c'est-à-dire les hommes d'armes disposés pour attaquer.

« Il fut conclu d'un commun accord que nul d'eux ne descendit de cheval, sinon les archers et gens de trait pour tirer. »

Phrase typique qui se lit dans le *Journal*, puis insérée dans la *Geste* et reproduite par la *Chronique de la Pucelle*. Après ladite conclusion, la Hire, Saulton, Canéde et 1.500 combat-

tants venus d'Orléans, voyant les Anglais sans ordre de bataille, voulurent férir de suite contre eux. Ils en furent em-
pêchés par le comte de Clermont qui ordonna de l'attendre
pour commencer ensemble l'action. Les Anglais mirent à
profit cette perte de temps en entourant leur camp des cha-
riots chargés de vivres et de pieux aiguisés.

Les archers français tirèrent une grêle de flèches contre les
Anglais, en tuèrent et blessèrent un grand nombre. Alors le
connétable d'Ecosse, Jean Stuart, et les hommes d'armes
étant avec lui, descendirent de cheval, s'approchèrent de
l'enceinte pour combattre les Anglais qui y étaient renfermés.
Ceux-ci revenus de leur première frayeur et voyant que le
corps de bataille du comte de Clermont, non loin de là, restait inactif, sortirent de leurs retranchements et attaquèrent
vigoureusement les Ecossais et hommes d'armes d'Orléans,
dont ils tuèrent ou blessèrent un grand nombre et forcèrent
le reste à fuir de tous les côtés. Sur le champ de bataille, le
connétable d'Ecosse, Guillaume Stuart, son frère, Verduran,
Châteaubrun, Rochechouart, Chabot, etc., restèrent parmi
les morts; le bâtard d'Orléans grièvement blessé à un pied se
dirigea sur Orléans avec ceux qui avaient échappé au dé-
sastre. Ils furent suivis du comte de Clermont et de ses
hommes d'armes qui, demeurés spectateurs passifs pendant
le combat, étaient la cause de la défaite des Français. Et tous
arrivèrent en fuyant par une course rapide, le jour même,
la nuit bien tard, à Orléans, où la nouvelle répandit la cons-
ternation parmi les habitants.

La *Chronique de la Pucelle* dit que Fastot, vainqueur, rejoignit l'ost des Anglais trois jours après, le 15, et le *Journal*
indique le 17.

Tel est, en quelques phrases, le résumé du récit détaillé
du *Journal* sur cette « desconfiture », et que complètent le
Bourgeois de Paris et Monstrelet par des détails que le chancelier ne pouvait connaître.

Ce récit du *Journal* est le premier qui ait été écrit sur la
bataille de Rouvray-Saint-Denis, dite aussi *la Bataille des
Harans*; il le fut par le chancelier très peu de jours après le
12 février et, comme nous venons de le dire, avec les renseignements qu'il obtint des capitaines et chevaliers qui y
avaient combattu.

Après conseil tenu, Clermont quitta Orléans, mais promit et jura de venir à son secours avec gens de guerre et vivres dedans un certain jour, auquel il défaillit (dit la *Chronique*, d'après la *Geste*.)

Ceux d'Orléans, n'espérant plus avoir secours et que l'abstinence de guerre promise au duc d'Orléans, prisonnier, n'était pas tenue, aucuns nobles et bourgeois allèrent vers le duc de Bourgogne et Jean de Luxembourg pour demander ladite abstinence. Ceux-ci se rendirent vers Bedford, qui refusa net. Le duc de Bourgogne, mécontent de ce refus, envoya alors avec les messagers d'Orléans un hérault pour donner l'ordre à ses sujets de quitter le siège.

18 Février. — Le Comte de Clermont, qui *depuis fut duc de Bourbon*, partit ce jour d'Orléans, mais après avoir promis aux habitants de les secourir de gens et de vivres.

« Après lequel département (dit le *Journal*) ne demeura dedans Orléans, sinon le bastard d'Orléans, le maréchal de Sainte-Sévère et leurs gens. »

18-19 Février. — Les Orléanais se voyant ainsi délaissés et le petit nombre de gens de guerre à opposer au grand nombre d'Anglais, envoyèrent Poton et aucuns bourgeois devers le duc de Bourgogne et Jean de Luxembourg pour les prier d'avoir égard à leur situation pour l'amour de leur seigneur duc, prisonnier en Angleterre, la conservation de ses terres, pourchasser (obtenir) aucune abstinence de guerre et faire lever le siège, ou leur donner aide et secours en faveur de leur parent, ainsi prisonnier.

Et sans plus; mais à la date du 17 Avril, le *Journal*, marquant le retour, à Orléans, de Poton et des bourgeois, parle de l'entrevue du duc de Bourgogne avec Bedford, la réponse négative de ce dernier et du mécontement de Philippe qui, par un hérault, donna l'ordre à tous ses sujets de quitter le siège d'Orléans.

Le chapitre 42 de la *Chronique de la Pucelle* est consacré à l'héroïne. Elle va désormais être sur la scène comme principal personnage, et le chroniqueur ne cessera de parler d'elle pour le siège et la délivrance d'Orléans, la campagne de la Loire, le voyage de Reims, le sacre, la campagne de l'Ile de France, justifiant ainsi le titre de *Chronique de la Pucelle* donné à son œuvre.

Vallet ne fait pas connaître si le récit est pris de la *Geste;* mais page 277, par un renvoi, il dit : « Tout ce chapitre jusqu'ici se retrouve *réduit* dans le *Journal du Siège.* » (Voyez Quicherat. *Procès*, IV, 118 à 129.) Il aurait pu, aussi bien que Quicherat, dire, et cela, avec plus de raison, que tout ce chapitre de ladite *Chronique* a été, non pas *réduit* dans le *Journal*, mais au contraire *pris* dans cet ouvrage par Cousinot de Montreuil, pour écrire ledit chapitre dans lequel il prend Jeanne à Domrémy, son enfance, sa vie de famille, sa visite à Baudricourt lui faisant part de la mission qu'elle doit accomplir au nom de *Messire*, son départ de Vaucouleurs, puis voyage et arrivée à Chinon; son entrevue avec le roi, etc., etc. C'est le récit même du *Journal*, rien n'y manque : l'annonce par Jeanne à Baudricourt de la défaite de Rouvray-Saint-Denis le jour même, le secret du roi, l'épée de sainte Catherine de Fierbois, etc., reproduits par C. de Montreuil, qui y ajoute des renseignements particuliers.

Il en est encore ainsi pour le voyage à Blois, son séjour dans cette ville, où, en attendant la compagnie des gens de guerre, elle fit faire un étendard et écrivit une lettre datée du mardi de la grande Semaine, la Semaine peneuse ou de douleur (22 mars), qu'elle envoya par un hérault aux Anglais pour les sommer d'avoir à lever le siège. C'est le premier texte connu de cette lettre fameuse, et c'est d'après le *Journal* qu'elle a été insérée dans la *Geste*, puis ensuite dans ladite *Chronique*.

« Tantost elle sceut que les Anglois du siège n'avoient tenu compte de ses lettres ni de tout leur contenu... et si avoient faict prendre les héraults et les vouloient faire ardoir (brûler). Laquelle prinse venue à la cognoissance du bastard d'Orléans... il manda aux Anglois par son hérault, qu'ils lui renvoyassent les dicts héraults, en leur faisant sçavoir que s'ils les faisoient mourir, il feroit mourir de pareille mort leurs héraults qui estoient venus à Orléans pour faict de prisonniers : lesquels il fist arrester; et feroit de mesme de tous les prisonniers anglois, qui y estoient lors en bien grand nombre. Et tantost après, les dicts héraults furent rendus. »

« Le 3 May, au soir, vinrent nouvelles que Sainte-Sévère, Rays, Bueil et la Hire, qui amenoient les vivres et l'artillerie, venoient de Blois par la Beausse.

« La nuit venue (du 30 avril au 1er mai) envoya la Pucelle deux héraults devers les Anglois de l'ost et leur manda qu'ils luy renvoyassent le hérault par lequel elle leur avoit envoié ses lettres de Bloys. Et pareillement leur manda le bastard d'Orléans, que s'ils ne le renvoyoient, qu'il feroit mourir de male mort tous les Anglois qui estoient prisonniers dedans Orléans; et ceux aussi qui par aucuns seigneurs d'Angleterre y avoient été envoyez pour traitter de la rançon des autres. Pourquoy les chefs de l'ost renvoyèrent tous les héraults et messagers de la Pucelle. »

« Le mercredi 4 may, saillit aux champs, la Pucelle, ayant en sa compagnie Villars, Illiers, la Hire, Giron, du Tilloy et plusieurs autres escuiers et gens de guerre,

Si doubtoit-on que les Anglois deussent aller au devant d'eux. Pourquoy le mercredi 4 May, se *partirent* très bien matin, *d'Orléans, le bastard d'Orléans,* la Pucelle, armée, à grand compagnie de gens d'armes et de traict, et allèrent, à étendart desployé, au devant des vivres qu'ils rencontrèrent; et si passèrent par devant les Anglois qui n'osèrent yssir de leurs bastides; et puis entrèrent dedans la ville environ prime (de 6 à 7 heures du matin). »

« Audit jour, environ midy, aucuns des nobles, issirent d'Orléans avec grand nombre de gens de traict et de commun qui livrèrent un fier et merveilleux assault contre Anglois qui tenoient la bastide de Saint-Loup, laquelle fut moult deffensable et fortifiée, car elle avoit esté grandement garny par le sire de Tallebot, tant de gens, vivres comme habillemens. François furent moult grevez en iceluy assault. Et durant iceluy y vint très hastivement la Pucelle armée, à estendard desployé : parquoy l'assault enforça de plus en plus. Et depuis sa venue audict lieu, ne fust Anglois qui peust illec blesser François; mais bien François conquirent sur eux la bastide, et *anglois se retirèrent* au clocher de l'église et là François recommencèrent l'assault qui dura longtemps.

Pendant lequel Tallebot fit issir Anglois à puissance des autres bastides pour secourir ses gens; mais à ceste mesme heure estoient issus d'Orléans tous les chefs de guerre à tout (avec) leur puissance, qui se myrent aux champs en batailles ordonnées entre ladicte bastide assaillie et les autres bastides angloises, attendant illec Anglois pour les combattre. Mais le sire de Tallebot, ce voyant, fist retirer ses Anglois au dedans de leurs bastides, délaissant en abandon les Anglois de la bastide de Saint-

estans en tout 500 combatans, et s'en alla *au devant du bastard d'Orléans,* de Raiz, Sainte-Sévère, Coloures et de plusieurs autres chevaliers et escuiers avecques autres gens de guerre habillez de guisarmes et mailletz de plomb, qui amenoient vivres que ceux de Bourges, Angiers, Tours, Bloys envoyèrent à ceux d'Orléans : lesquels receurent en très grand joye en leur ville; en laquelle ils entrèrent par devant la bastille des Anglois, qui n'osèrent oncques saillir, mais se tenoient fort en leurs gardes. »

« Ce mesme jour (4 mai), après midy, se partirent de la cité, la Pucelle et le bastard d'Orléans menans en leurs compagnies grans nombres de nobles, et environ 1,500 combattans; et s'en allèrent assaillir la bastille de Saint-Loup, là où ils trouvèrent très forte résistance. Car les Anglois qui l'avoient moult fortifiée, la deffendirent très vaillamment l'espace de trois heures, que l'assaut dura très aspres. Combien qu'en fin la prinrent les François par la force et tuèrent 114 Anglois et en retindrent et amenèrent 40 prisonniers dedans leur ville : mais avant abattirent, bruslèrent et démolirent du tout celle bastille, ou très grand couroux, dommage et desplaisir des Anglois. Partie desquelz estans à la bastille de Saint-Pouair saillirent à grand puissance durant iceluy assaut, voulant secourir leurs gens : dont ceux d'Orléans furent advertis par la *cloche du Beffroy,* qui sonna par deux fois. Parquoy le maréchal de Sainte-Sévère, le seigneur de Graville, le baron de Coloures et plusieurs autres chevaliers, escuiers, gens de guerre et citoyens estans en tout six cents combattans, saillirent hastivement hors d'Orléans, et se mirent aux champs en très belle ordonnance et bataille contre les Anglois, lesquelz délaissèrent leur entreprise et le secours de leurs compagnons, quand ils vi-

Loup, qui furent conquis par puissance, environ vespres » (de 6 à 9 heures du soir).

Dont fut l'occision nombrée à huit vingts hommes, et la bastide fust arse et démolie; en laquelle François conquirent très grand quantité de vivres et autres biens. En après, la Pucelle, les grans seigneurs et leur puissance rentrèrent à Orléans, dont à icelle heure furent rendues grâces et louanges à Dieu par toutes les églises, en hymnes et devotes oraisons, à son de cloches, que Anglois pouvoient bien ouyr, lesquels furent fort abaissez de puissance par ceste partye et aussy de courage. »

rent la manière des François ainsi saillis hors et ordonnez en bataille, et s'en retournèrent dolens et couroucez dedans leur bastille dont ils estoient yssuz en très grand haste. »

Le fond de ces deux récits est le même, avec quelques variantes dans les détails. Dans la *Chronique*, Jeanne ne vient qu'après l'action engagée...; les Anglais réfugiés dans le clocher de l'église. C'est là de la rédaction de C. de Montreuil pour arriver à dire (d'après déposition de 1456), d'abord comment Jeanne fut réveillée par ses Voix; ensuite les Anglais revêtus d'habillements d'église qui pour cela furent épargnés. Rien de semblable ne se lit dans le *Journal* : Jeanne et le bâtard d'Orléans partirent ensemble pour aller attaquer la bastille de Saint-Loup. Nulle mention n'est faite d'Anglais réfugiés dans le clocher. C'est de la bastille de Saint-Pouair que Talbot sortit pour aller au secours de ceux de Saint-Loup, mais la cloche du Beffroy sonna par deux fois pour faire connaître ce mouvement des Anglais; Sainte-Sévère, Graville et six cents combattants sortirent de la ville pour aller les combattre; ils les forcèrent à retourner en leur bastille.

Quant à la différence du nombre d'Anglais tués ou prisonniers indiqué dans l'un et dans l'autre récit, elle est sans aucune importance.

Dans la *Chronique de la Pucelle*, on lit : Conseil tenu le jour de l'Ascension; Jeanne manifesta le désir d'attaquer de suite ce jour-là la bastille de Saint-Laurent où était la grande puissance des Anglais; les capitaines ne le voulurent pas, pour la révérence du jour, mais décidèrent d'attaquer le lendemain les boulevards et bastilles du côté de la Sologne, à la « grande desplaisance » de la Pucelle.

Dans le *Journal* : Conseil tenu le jour de l'Ascension par la Pucelle, le bâtard d'Orléans, les capitaines, chefs de guerre et aussi les bourgeois, pour aviser et conclure ce qui était à faire contre les Anglais. Il fut décidé qu'on attaquerait le boulevard du pont et les Tournelles, et on prépara tout pour le lendemain.

Le vendredi 6 Mai, les Français passèrent la Loire à grand puissance, à la vue de Glacidas qui fit brûler la bastille de Saint-Jean-le-Blanc et se retira avec les siens à la bastille des Augustins, au boulevard et aux Tournelles. La Pucelle marcha en avant avec tous les gens de pied vers le Portereau, approcha du boulevard et y planta son étendard; mais survint un cri que les Anglais venaient en grand nombre du boulevard de Saint-Pryvé, ce qui effraya les gens de la Pucelle qui se prirent à fuir vers la Loire. La Pucelle vit avec douleur cette retraite qu'elle fut aussi contrainte de faire. Alors les Anglais se mirent à leur poursuite à grands cris et en proférant paroles diffamables à l'égard de la Pucelle; soudain, celle-ci leur fit visage et marcha contre eux à grands pas avec son étendard déployé; à leur tour, ces derniers, saisis de frayeur, prirent la fuite devant les Français qui, revenus en grand nombre, poursuivirent les Anglais jusqu'aux Augustins. Là, la Pucelle planta son étendard et en poussa l'attaque avec une telle vigueur que la bastille fut prise d'assaut et les Anglais qui y étaient furent tous tués.

La bastille fut brûlée avec tout ce qu'elle contenait de vivres, etc. A cet assaut, Jeanne fut blessée à un pied par une chausse-trape. Et comme il faisait nuit, elle fut ramenée à Orléans: mais on laissa un grand nombre de gens de guerre devant les boulevard et Tournelles.

Cette nuit (du 6 au 7), les Anglais du boulevard Saint-Pryvé l'abandonnèrent après l'avoir brûlé, puis passèrent la Loire et se retirèrent en la bastille de Saint-Laurent.

Le vendredi, au plus matin, Jeanne saillit d'Orléans avec le bâtard d'Orléans, Sainte-Sévère, Rayz, Graville, Illiers, la Hire, et environ 4,000 combattants qui passèrent la Loire entre Saint-Loup et la Tour-Neuve. De prime face, ils prirent Saint-Jean-le-Blanc que les Anglais avaient emparé et fortifié. Et après se retirèrent en une petite île au droit de Saint-Aignan. Les Anglais sortirent en grand nombre des Tournelles, vinrent charger sur les Français, mais la Pucelle et la Hire avec partie de leurs gens les attaquèrent avec une telle ardeur qu'ils les forcèrent à se retirer hâtivement jusqu'à leurs boulevards et Tournelles. Et de pleine venue les Français assaillirent le boulevart et la bastille des Augustins qu'ils prirent d'emblée, délivrant un grand nombre de Français qui y étaient retenus prisonniers et tuant plusieurs Anglais qui étaient dedans.

Et le soir les Français mirent le siège devant les Tournelles et les boulevarts d'entour. Pourquoi ceux d'Orléans firent grand diligence de porter toute la nuit pain, vin et autres vivres aux gens de guerre tenant le siège.

Dans la *Chronique* : Glacidas fit brûler la bastille de Saint-Jean-le-Blanc et se retira avec les siens aux Augustins et aux Tournelles. Les Anglais attaquèrent les Français et les forcèrent à s'enfuir ainsi que Jeanne, mais celle-ci faisant soudain volte-face et ayant son étendard déployé, jeta la terreur parmi eux ; à leur tour, ils prirent la fuite. Jeanne blessée à un pied. Anglais qui, avant d'abandonner le boulevard de Saint-Pryvé, le brûlèrent et se retirèrent en la bastille de Saint-Laurent. Tous ces faits ne sont pas dans le *Journal;* mais, par contre, on y lit ceux ci-après qui ne sont pas dans la *Chronique*. Après la prise de la bastille de Saint-Jean-le-Blanc, qui était bien fortifiée, les Français se retirèrent en une petite île près de Saint-Aignan. A la prise des Augustins, ils délivrèrent un grand nombre des leurs qui y étaient prisonniers; le soir même ils mirent le siège devant les Tournelles et les boulevards à l'entour. Tout ce paragraphe (chapitre 47) est indiqué par Vallet, dans la *Chronique de la Pucelle*, comme étant la reproduction de la *Geste;* mais, selon son habitude, Cousinot de Montreuil a encore ici amplifié par certains détails le texte de la *Geste*. Quant au fond du récit, il est commun avec celui du *Journal*.

« Chap. 48. — Recouvrement des Tournelles d'Orléans et la mort de Glacidas.

« La Pucelle fust ceste nuit en grand double que les Anglois ferissent sur ses gens qui estoient devant les Tournelles; et pour ce le *samedy 7 may*, environ soleil levant, par l'accord et consentement des bourgeois d'Orléans, *mais contre l'opinion et volonté de tous les capitaines et chefs de guerre* qui estoient là de par le roy, la Pucelle se partit atout son effort et passa .Loire faisant mener canons, couleuvrines et tout ce qui estoit nécessaire pour assaillir le boulevart et les Tournelles, lesquels devoient être assiégés du costé de la ville par un grand nombre de gens d'armes et de traict avec grand appareil que les bourgeois avoient faict pour passer les

Le samedi au matin, sixième jour de mai, les Français assaillirent les Tournelles, boulevarts et taudis que les Anglais y avoient fait pour les fortifier.

Il y eut moult merveilleux assauts où furent accomplis plusieurs beaux faits d'armes tant en assaillant qu'en défendant, car les Anglais étaient en grand nombre et attaquèrent de front jusqu'au plus haut le boulevard des Tournelles, avec une telle vaillance et hardiesse qu'il semblait à leur hardi maintien qu'ils cuidassent être immortels; les Anglais les repoussèrent vigoureusement et les trébuchèrent du haut en bas des Tournelles, à force de boulets, de traicts, etc.

La Pucelle y fut blessée d'un

arches rompues et attaquer les Tournelles.

A cet assault, Jeanne fut blessée dès le matin, d'un traict par l'épaule passant tout outre. Elle se déferra et se fit soigner pour étancher le sang. Malgré sa blessure, Jeanne n'en continua pas moins à diriger l'attaque. Quant ce vint au soir, il sembla au bâtard d'Orléans et aux capitaines qu'on ne pourrait prendre le boulevart ; ils voulurent alors faire cesser l'attaque et se retirer avec leur artillerie en la cité jusqu'au lendemain, et prévinrent la Pucelle, qui leur dit : « En nom de Dieu, ils y entreroient en brief et qu'ils n'en fissent doubte. » Néanmoins, on assailloit toujours. Alors Jeanne monta sur son cheval et alla en un lieu détourné faire son oraison à Dieu; puis revint, descendit de cheval, prit son étendard et dit à un gentilhomme qui estoit emprès d'elle : « Donnez vous garde quand la queue de mon étendart touchera contre le boulevart. » Lequel un peu après luy dist : « Jeanne, la queue y touche. » Alors elle dist : « Tout est vostre et y entrez. »

Les Anglais furent assaillis des deux côtés de boulets et de traicts. « L'assaut fut fier et merveilleux plus que nul qui n'eust esté onegues veu de la mémoire des vivants.

« Et à sçavoir que du costé de la ville on trouvoit très malaise manière d'avoir une pièce de boys pour traverser l'arche du pont et de faire la chose si secrètement que les Anglois ne s'en aperceussent.

Et d'adventure on trouva une vieille et longue gouttière; mais il s'en falloit bien de trois pieds qu'elle ne fust assez longue; et tantost un charpentier y mit un advantage (avance ou saillie), à fortes chevilles et descendit en bas, pour mettre une estaye, et feist ce qu'il peust pour la seureté; puis y passèrent le commandeur de Giresmes et plusieurs hommes d'armes. Si reputoit-on comme une chose impossible ou

traict entre l'épaule et la gorge si avant qu'il passait outre. Alors le bâtard d'Orléans et les capitaines dirent à la Pucelle qu'il fallait cesser l'assaut jusqu'au lendemain qu'on le reprendrait. Elle les réconconforta par de belles et hardies paroles ; mais ils ne voulurent la croire et se tirèrent arrière voulant emmener leur artillerie. Jeanne de ce très dolente leur dit : « En nom de Dieu, vous entrerez bien brief dedans, n'ayez doubte et les Anglois n'auront plus de force sur vous.

Pourquoy reposez-vous un peu, beuvez et mangez. »

Ce qu'ils firent : et après. Jeanne leur dit : Retournez de par Dieu à l'assaut de rechef les Anglois n'auront la force de se défendre, les Tournelles et boulevarts seront pris ; Et cela dit ; elle laissa son étendart et s'en alla sur son cheval à un lieu détourné faire oraison à Notre-Seigneur. Et dit à un gentilhomme étant là près : « Donnez vous garde quand la queue de mon étendart sera ou touchera contre le boulevart. » Lequel lui dist : « Jeanne la queue y touche » ; elle répondit : « Tout est vostre et y entrez. » Laquelle parole fut tôt après connue prophétie, car quand les gens d'armes qui étaient dedans la cité virent qu'on attaquait de rechef, ils sortirent en grand nombre pour attaquer l'ennemi par le pont. « Et parce que plusieurs arches estoient rompues, ils menèrent un charpentier et portèrent goutières et eschelles dont ils firent planches. Et voyant qu'elles n'estoient assez longues pour porter sur les deux bouts d'une des arches rompues, ils joignirent une petite pièce de boys à l'une des plus grandes goutières et firent tant qu'elle tint; sur laquelle passa premier tout armé, un très vaillant chevalier de l'ordre de Rodes, dict de Saint-Jean de Jérusalem, appelé frère Nicole de Giresme et à son exemple plusieurs autres aussi, qu'on dit depuis avoir

au moins bien difficile, d'y estre passez et toujours on assuroit ledict passage. »

La Pucelle fit dresser des échelles dans le fossé du boulevard, renforça l'assaut de plus en plus, qui dura depuis prime jusqu'à 6 heures après-midi.

Les Anglais ne présentèrent plus de résistance. Glacidas et autres seigneurs voulurent d'abord se retirer aux Tournelles, mais le pont levis rompit sous eux par le jugement de Dieu, et se noyèrent.

Alors les Français entrèrent de toutes parts dans le boulevard et les Tournelles qui furent conquises à la vue de Suffort, de Tallebot, etc., sans montrer ni faire semblant d'aucuns secours. Là furent tués ou noyés Glacidas, Pouvains, Commus et 500 Anglais ou faux Français, et 200 faits prisonniers. Après cette glorieuse victoire, les cloches sonnèrent par ordre de la Pucelle, qui retourna en ville par le pont.

De cette desconfiture, les Anglais furent en grande détresse et après avoir la nuit tenu conseil, ils abandonnèrent dès le matin, leurs bastilles et tout ce qu'il y avait, vivres, munitions, leurs malades, mais emmenant leurs prisonniers; ils s'en allèrent en belle ordonnance, étendards déployés vers Meung, et furent suivis pendant un certain temps par une troupe d'hommes d'armes français.

Les habitants d'Orléans entrèrent dans les bastilles où ils trouvèrent vivres et autres biens, puis elles furent démolies et on emporta en ville les pièces d'artillerie, etc.

esté plus miracle de Nostre-Seigneur qu'autre chose, obstant que la goutière estoit merveilleusement longue et estroicte et haute en l'air sans avoir aucun apuye.

Lesquels passez outre se boutèrent avec leurs compagnons en l'assaut qui dura peu depuis, car sitôt qu'ils eurent recommencé, les Anglois perdirent toute force pour résister, et croyant pouvoir aller du boulevart dedans les Tournelles bien peu d'eux se purent sauver, car 4 ou 500 combattans qu'ils estoient furent tous tuez ou noyez, excepté quelques uns qu'on retint prisonniers. Glacidas, les seigneurs de Moulins et de Pommier, le bailli de Mente et autres furent noyez parce qu'en croyant se sauver le pont fondit sous eux, à la grand douleur des Anglois et au grand dommage des François qui eussent pu avoir grand finances pour la rançon des prisonniers ».

La joie fut grande parmi les François qui louèrent Dieu de cette belle victoire qu'il leur avait donnée, et bien le devoient faire car on dit que celuy assaut qui dura depuis le matin jusqu'au soleil couchant, fut tant grandement assailly et défendu, que ce fut un des plus beaux faicts d'armes qui eust esté fait longtemps paravant. Et aussi fut miracle de Notre-Seigneur fait à la requête de saint Aignan et saint Euverte, jadis évêques et patrons d'Orléans, comme assez en fut apparence selon la commune opinion et même par les prisonniers amenés ce jour qui certifièrent qu'à l'attaque du boulevard et des Tournelles, ils leur sembla voir tout le peuple, que c'était merveille, et que tout le monde était là assemblé.

Le clergé et les habitants chantèrent moult dévotement *Te Deum Laudamus*, louèrent Dieu et les deux saints évêques; on fit sonner toutes les cloches en signe de grand joie, et mille louanges furent faites aux gens

de guerre ainsi qu'à la Pucelle
tout spécialement. Elle demeura
cette nuit avec les capitaines et
gens d'armes par crainte d'attaques des Anglais du côté de
Saint-Laurent. Mais ceux-ci tout
à fait découragés, abandonnèrent le lendemain, au matin,
leurs bastilles, se mirent en bataille et se dirigèrent sur Meung,
ils furent suivis de près un peu
de temps par une troupe de gens
d'armes d'Orléans pour observer leur marche.

On ne peut, après lecture de ces deux récits, méconnaître
qu'ils sont identiques et pour le fond et pour la forme à
quelques faits près, rapportés par l'un ou par l'autre. Ainsi
le *Journal* ne parle pas, comme on le lit dans la *Chronique*,
de l'opposition que Jeanne rencontra le samedi de la part
des capitaines et chefs de guerre pour aller attaquer les Anglais des Tournelles. Par contre, le *Journal* nous apprend
que Jeanne passa avec les capitaines et hommes d'armes la
nuit du 7 au 8 mai devant les Tournelles, par crainte d'un
retour offensif des Anglais de Saint-Laurent. Ce que ne dit
pas la *Chronique*. Mais ces deux documents reproduisent la
même phrase au sujet de la prise des Tournelles.

Chronique : « L'assaut des Tournelles fust merveilleux
plus que nul qui eust esté oncques veu de la mémoire des vi-
vans. »

Journal : « La prise des Tournelles fust un des plus beaux
faicts d'armes qui eust esté faicts longtemps paravant. »

Inutile de faire remarquer que l'erreur commise par le
Journal, samedi 6 et dimanche 7, n'a pas été reproduite dans
la *Chronique* : samedi 7 et dimanche 8.

Nous pensons donc avoir démontré que c'est le *Journal
du Siège* qui a servi à la *Geste*, et que d'après cette même
Geste il a été reproduit dans la *Chronique de la Pucelle*;
nous pensons ainsi avoir atteint d'une manière complète le
but que nous nous étions proposé : à savoir que cet ouvrage
a été composé par Guillaume Cousinot, chancelier du duché
d'Orléans, déjà auteur de la *Geste des Nobles*, et que pour
ces événements il continua, à l'aide de notes prises par lui
sur le siège de notre ville en 1428-29.

Quoique nous ayons cherché à abréger le plus possible l'analyse des deux textes sur des événements arrivés du 12 octobre 1428 au 8 mai 1429, nous craignons néanmoins qu'elle ne paraisse encore trop longue au lecteur. Mais le moyen de notre part de faire cette analyse d'une façon plus sommaire? Nous serions alors tombé dans l'excès contraire, c'est-à-dire abréger au point de ne pas parvenir à faire la preuve recherchée et par suite partager notre conviction. C'est cela surtout que nous avons voulu éviter.

Nous laisserons de côté la prise de Jargeau, de Meung, de Beaugency, la bataille de Patay, où de semblables rapprochements entre les mêmes textes peuvent être faits, ce qui du reste a lieu dans notre édition du *Journal du Siège*.

DEUXIÈME PARTIE

CHAPITRE PREMIER

Copie des notes du Siège exécutée par Soubsdan. — Compte de ville mentionnant la somme qui lui fut payée pour ce travail. — Copie et compte ont disparu des archives communales depuis longtemps. — C'est d'après une note manuscrite du XVIIIe siècle qu'on a parlé de ce compte et de Soubsdan. — Copie faite en 1472 par Nicaise Delorme, prieur de Bucy-le-Roi. — Devenu abbé de Saint-Victor, il en fit faire une nouvelle copie et y joignit celle des deux procès. — Titre donné à ce dernier travail. — Publications en latin sur Jeanne d'Arc et sur le Siège d'Orléans, en 1516 par Varanius, et en 1560 par Micqueau. — Première édition du Journal du Siège par Saturnin Hotot, en 1576. — Autres éditions. — La Saussaye, Lemaire, Symphorien Guyon, historiens d'Orléans.

Pour compléter cette étude sur le *Journal du Siège*, il nous paraît utile de donner quelques renseignements sur ce document d'une si grande importance au point de vue historique, depuis le moment où il fut composé jusqu'à nos jours, et d'en faire connaître les principales éditions.

Nous avons dit dans les pages qui précèdent que Cousinot le chancelier, avant de quitter Orléans en 1439, avait remis son manuscrit des notes du siège aux magistrats municipaux de cette ville, qui le déposèrent en la chambre commune. C'est là que J. Chartier et Berry le héraut le consultèrent ou le firent consulter à l'effet de se documenter pour écrire leurs chroniques sur Charles VII : — Il en fut de même par l'auteur inconnu du *Mystère du Siège*, par celui également inconnu de la *Chronique de la fête du 8 mai*, et aussi par Cousinot de Montreuil, pour la *Chronique de la Pucelle*, tous traitant du siège et de Jeanne d'Arc.

Les douze procureurs qui régissaient les affaires de la ville attachèrent une très grande importance aux notes journalières prises par le chancelier sur cet événement : elles constituaient pour Orléans le Mémorial ou Journal authentique

5

de ce qui s'y était passé; selon la remarque judicieuse de
M. Cuissard, « c'était le livre d'or des Orléanais » sur
l'épisode le plus important des annales de leur ville. Or,
comme ces notes laissaient, selon toutes probabilités, à désirer, soit pour la rédaction, soit dans le classement des faits,
soit même à la fois pour l'écriture et le style archaïque du
chancelier (ou du premier travail de copie exécuté quelques
années après son départ d'Orléans), devenus difficiles à lire
ou à comprendre, ces mêmes procureurs, dont plusieurs
avaient été témoins des événements qui s'étaient passés audit siège, décidèrent qu'un travail de mise au net sur parchemin serait fait du *Journal*, afin d'en rendre la lecture
plus facile, et ensuite serait déposé au trésor de la ville (1).
C'est, du moins, ce qu'il faut conclure de la note écrite par
Jousse ou par Polluche, dont nous allons parler.

La première mention qui soit faite du *Journal du Siège*
se trouve, dit Dubois (et après lui Cuissard), dans le manuscrit 451 de la Bibliothèque publique de la ville d'Orléans,
qui contient des notes de Jousse sur un exemplaire de l'édition publiée en 1576 par Hotot. On y lit, page 3, cet extrait
de compte de ville de 1466 : « Payé 11 solz parisis à Pierre
Soubsdan, clerc, pour avoir escript en parchemin la manière du siège tenu par les Anglois devant la ville d'Orléans
en 1428. »

Notons, en passant, que, d'après M. Boucher de Molandon, cette note serait non pas de Jousse, mais bien de Polluche. « Le manuscrit 451 attribué par erreur sur le catalogue
imprimé des manuscrits de la Bibliothèque publique, au
jurisconsulte Jousse, est, dit-il, réellement de Daniel Polluche. » (p. 11) (2).

(1) « En 1466, les officiers municipaux d'Orléans faisaient un grand
cas du *Journal du Siège*, puisque, dit l'abbé Dubois, ils crurent devoir le faire copier sur parchemin pour le conserver plus longtemps.
Or, la plupart avaient été témoins des événements rapportés dans
le plus grand détail. On doit donc regarder le *Journal du Siège d'Orléans* non seulement comme l'ouvrage d'un historien contemporain,
mais encore comme une pièce, pour ainsi dire, authentique, puisqu'elle a été approuvée par les officiers municipaux qui gouvernaient
la ville en 1466, et qui l'ont fait copier. »

(2) Dans « *La Délivrance d'Orléans* », par M. Boucher de Molandon,
on lit, p. 8 : « Une note consignée par Daniel Polluche, au manuscrit 451 de notre Bibliothèque publique et par lui recueillie *dans le*

Il importe peu, au fond, que cette note ait été écrite par Polluche ou par Jousse : c'est sa valeur documentaire qui seule, ici, doit être prise en considération.

Serait-ce là le vieil exemplaire en parchemin dont parle Hotot, et qui lui aurait servi pour sa publication de 1576? La copie manuscrite en parchemin du *Journal* attribuée à Soubsdan a disparu depuis longtemps des archives de la ville. Il en est de même du compte de ville de 1466, qui fait mention du paiement de 11 solz parisis pour ce travail. Il ne reste donc, à ce sujet, comme unique constatation documentaire, que la note manuscrite écrite, soit par Daniel Polluche, historien d'Orléans, né en 1689, mort en 1768, ou par Daniel Jousse, jurisconsulte, élève et ami de Pothier, mort à Orléans, en 1781, à l'âge de 77 ans.

On reconnaîtra avec nous qu'en l'occurrence, la valeur de cette note manuscrite est bien faible pour être invoquée comme preuve incontestable. Mais, en l'absence du travail de Soubsdan et du compte de ville de 1466, on est forcément obligé de s'en contenter. A l'exemple des historiens orléanais, de Quicherat, de Vallet, etc., nous accepterons donc cette dite note, qu'elle soit de Polluche ou de Jousse, renseignant d'après un compte de ville de 1466, vu, lu et transcrit par l'un ou par l'autre de ces deux Orléanais, que Soubsdan mit au net sur parchemin le *Journal du Siège* (1).

compte de commune de 1468, aujourd'hui disparu, nous apprend qu'onze sols parisis furent, en 1467, payés par la ville à maistre Soubsdan, clerc, pour avoir escrit en parchemin le manuscrit du Siège... » « Ce vieil exemplaire n'existe plus, mais une transcription en écriture cursive du règne de Charles VIII (1483-1498) a, dit cet historien, été insérée dans le manuscrit dit de Saint-Victor (n° 285, aujourd'hui 14665, Bibliothèque Nationale). C'est sur ce texte que Quicherat a réimprimé cette *Chronique* (Procès, iv-94 et s.) ». — Ces lignes présentent des divergences de dates 1468, 1467, 1488, au lieu de 1466, 1472, qu'on lit ailleurs, notamment dans Dubois et Cuissard. Le manuscrit qui a servi à Quicherat est la copie que Nicaise de Lorme fit exécuter en 1488 d'après celle faite par lui en 1472, et dont nous parlons pages 69 et suivantes, 85.

(1) Le compte de 1466 ne se trouve plus dans les archives de la ville; *mais dans celui de commune de 1468*, on reconnaît, dit Dubois, qu'on a « payé 5 solz 4 deniers à Pierre Soubsdan, notaire en cour d'église pour avoir doublé (copié une autre fois) des mémoires relatifs à la 3ᵉ enceinte et avoir mis au net certains articles qui y ont été ajoutés » (page 64, note.) Ce compte de 1468 qui fait mention de Pierre Soubsdan et de son rôle de copiste viendrait incidemment appuyer la note écrite par Jousse ou par Polluche.

D'autre part, MM. Guessard et de Certain, éditeurs du *Mystère du Siège*, font de Soubsdan le rédacteur du *Journal*. Cette assertion erronée a été reproduite par plusieurs auteurs, notamment par le dernier historien de la Ville d'Orléans, « Soubsdan n'est pas copiste, mais auteur du *Journal du Siège;* il ne s'est pas borné, dit M. Bimbenet, à mentionner ce qui s'est passé dans la ville assiégée, mais a suivi Charles VII dans ses diverses tentatives militaires jusqu'à son sacre et même après cette cérémonie » (2-337). Rien de plus inexact.

Nous avons dit, page 21, d'après Quicherat et Vallet, et en cela étant d'accord avec eux, qu'un travail de copie de ce même *Journal* ou notes du siège avait été exécuté quelque temps après le départ d'Orléans du chancelier, et que Soubsdan, en 1466, n'avait fait que mettre au net ce premier travail de copie. S'il en a été ainsi, il faut, en présence des nombreuses erreurs de dates, de faits et d'interpolations contenues dans Hotot, et de ce que celui-ci déclare avoir reproduit *mot à mot et sans aucun changement de langage* (ce qui est exact), le texte d'un vieil exemplaire écrit à la main sur parchemin, celui, sans doute, fait par Soubsdan; il faut, répétons-nous, reconnaître que ce travail de mise au net fut par ce dernier fort mal exécuté (1). Que

Lottin qui connaissait les manuscrits de l'abbé Dubois et ceux des archives de la ville, ne parle point de Soubsdan sous la date de 1466, ni avant, ni après; à celle du 24 Novembre 1576, il cite l'impression de l'Histoire au vray... faite par Hotot, d'après un *vieux manuscrit sur parchemin qui avait été écrit par un témoin oculaire, et* RECUEILLI PAR ROUSSEAU, *notaire à Orléans, historien de cette ville, mort, dit-il, en 1573* (2-49, 54). (Voir ci-après page 75, etc.)

(1) Dubois prétend qu'en copiant sur parchemin le *Journal du siège*, Soubsdan s'est permis de substituer plusieurs mots nouveaux à ceux qui se trouvaient dans l'original. En 1428, on ne disait pas Orléans, Orléanois, Jargeau, faubourg, Bannier, boulevart, Tournelles, etc., mais Orliens, Orlénois, Jargueau, forsbourg, bernier, boulvart, tourelles, etc. Par le dernier mot, Dubois présume que Soubsdan était de Paris, où l'on dit *Tournelles* pour *Tourelles*. A cela nous répondrons que la forme *tournelle* se lit dans la *Chronique de la Pucelle* et dans les compositions historiques et littéraires des XIIe et XIIIe siècles du Midi, comme du Centre ou du Nord de la France (Voyez page 120); ensuite, en voulant de ce fait induire que Soubsdan était de Paris, Dubois oublie qu'il vient de dire que ce même Soubsdan était, en 1468, notaire en cour d'église, à Orléans, et que son père, Philippe Soubsdan, bourgeois d'Orléans, avait pris part à la défense de cette ville contre les Anglais. — Donc, ici, rien de parisien de la part de Pierre Soubsdan.

Soubsdan soit le premier ou le second copiste des notes du
siège, il n'en encourt pas moins, en l'un comme en l'autre
cas, le grave reproche de n'avoir pas été à la hauteur de la
tâche à lui confiée par les magistrats municipaux d'Orléans.
En effet, dans son travail, il a fait montre non seulement
d'une certaine ignorance en histoire, mais aussi d'une
grande insouciance, en ne coordonnant point les faits et les
dates, et en usant d'une orthographe fantaisiste pour les
noms de personnes et de villes comme pour les mots de la
langue. Ce travail est celui d'un copiste dépourvu de goût
et de discernement, car aux fautes et aux erreurs qui existaient déjà — non dans les notes du chancelier, comme
nous l'avons démontré page 19, mais dans la copie de ces
mêmes notes faites après son départ d'Orléans, Soubsdan
en ajouta d'autres. Il faut enfin reconnaître que les procureurs qui le choisirent pour ce travail de mise au net du
Journal, n'eurent pas la main heureuse; mais à tout prendre
ce ne fut pour eux, probablement, qu'une simple affaire de
calligraphie.

Les annotations faites dans l'édition du *Journal* que nous
préparons, justifient pleinement ce que nous venons de dire.

Messire Nicaise de Lorme, prieur de Bucy-le-Roi, qui dépendait de l'abbaye de Saint-Victor de Paris, copia ou fit
copier, en 1472, le travail de Soubsdan, qui était déposé au
trésor de la ville; plus tard, en 1488, ayant été élu abbé de
Saint-Victor, charge qu'il remplit jusqu'en 1516, « il fit,
dit Malingre dans ses *Annales et Antiquités de Paris*, escrire
l'histoire du siège d'Orléans et le procez de la Pucelle tant
en accusation qu'en justification qui se garde encore en la
librairie de Saint-Victor ». (Aujourd'hui manuscrit 14,665
de la Bibliothèque Nationale). Ce manuscrit a pour titre :
« Petit traictié par manière de cronicques, contenant en
brief le siège mis par les Angloys devant la ville d'Orléans,
et les saillies, assaulx et escarmouches qui durant le siège
y furent faictes de jour en jour, la venue et vaillans faictz
de Jehanne la Pucelle, et comment elle en feist partir les
Angloys et enleva le siège par grâce divine et force
d'armes. »

Ce titre est, à quelques mots près, celui donné par Hotot.

Il prouve que c'est le même travail manuscrit qui a été copié par le prieur de Bucy-le-Roi, puis imprimé par Hotot; il viendrait incidemment justifier la note écrite par Polluche ou par Jousse, dont nous avons parlé pages 66 et suiv.

D'autre part, on lit dans Vallet de Viriville : « Le texte manuscrit le plus ancien qui nous soit resté du *Journal* a été exécuté de 1488 à 1516. Il le fut à Paris par les soins de l'abbé de Saint-Victor (B. I. Saint-Victor, n° 285. Quicherat, v-398) (1). Dans ce manuscrit de Saint-Victor, copie

(1) Bibliothèque nationale. — Manuscrit de Saint-Victor n° 285. — Volume billot grand in-4°, de papier entremêlé de parchemin, 572. — feuillets, reliure en veau fauve, écriture cursive du temps de Charles VIII (Quicherat). — Outre la copie du procès de condamnation exécutée d'après l'original de 111 feuillets (manuscrit de l'Assemblée nationale), ce volume renferme le *texte du Journal du siège* que nous reproduisons, dit Quicherat, dans notre IVe volume, ainsi qu'une copie du procès de réhabilitation. Ces matières diverses sont longuement indiquées dans une table écrite en tête du volume d'une main contemporaine. Voici comment s'explique cette table à l'égard des deux premiers articles :

Que sequuntur hic habentur : Compendium quorumdam gestorum in regno Francie temporibus Karoli septimi Francorum regis; et primo in gallico, civitatis Aurelianensis obsidio ab Anglis facta anno Domini quadringentesimo vigesimo octavo supra mille, mense octobris, hoc agente comite Salseberiense Henrici Anglorum regis locumtenente in regno Francie ducceque ac primario totius armatus ipsius. Item Johanne Puelle adventus et causa ipsius adventus in Franciam. Item mirabilis victoria dicte Johanne, qualiter scilicet Aurelianensium obsidionem dissolvens, cesis hostibus, urbem ab Anglis liberavit ac Karolum septimum, Francorum regem, more predecessorum suorum sacra unctione liniendum ad Remos potenter perduxit, multaque oppida et loca ab Anglis invasa et rapta, miranda armorum virtute ymo potius, ut dignum est credere, providentia divina et gratia speciali concurrente, potestati Francorum restituit. A. fol. 3. usque 70.

Item processus in causa fidei... (14 lignes) (A fol. 72. usque 342.)

Après la table, au verso du premier feuillet « Iste liber est sancti Victoris parisiensis, quem fecit fieri frater Nicasius de Ulmo abbas hujus ecclesie. Quicumque eum furatus fuerit, vel celaverit, aut titulum istum deleverit, anathema sit. » — Ainsi, dit Quicherat, le manuscrit de Saint-Victor fut exécuté par les soins de Nicaise de Lorme, qui fut abbé de Saint-Victor depuis 1488 à 1516. La note ci-dessus mal interprêtée, fit croire que Nicaise de Lorme avait exécuté de sa main le manuscrit. Le père Thoulouze, chambrier de Saint-Victor, le rapporta ainsi à Edmond Richer et précisa les faits *jusqu'à lui expliquer comme quoi Nicasius de Ulmo avait entrepris ce travail en 1472, pendant qu'il était prieur d'une maison de leur ordre, appelée Bussy, à six lieues d'Orléans.* — Mais *fecit fieri* n'est pas *fecit*, et il n'y a pas non plus d'apparence que les originaux des procès sur lesquels a été fait le manuscrit de Saint-Victor aient jamais quitté Paris. » (V-399-400).

Il nous semble que de la part de Quicherat, il y a confusion ici du *Journal* et des deux procès. Le père Thoulouze *dit bien que Nicaise de Lorme était prieur à Bucy, lorsqu'il copia, en 1472, le travail de Soubs-*

très défectueuse et très postérieure de la rédaction authentique des deux procès (v-445), l'ouvrage ne porte pas le titre de *Journal du Siège*, qui lui a été donné postérieurement (1) ; il porte celui-ci, qu'il n'est point, dit Vallet, inutile de transcrire : « *Compendium gestorum in regno Francie temporibus karoli septimi Francorum regis, et*

dan; il ne peut donc être ici question des deux procès qui étaient à Paris. Ce n'est que plus tard et devenu abbé de Saint-Victor, qu'il fit écrire *fecit fieri* et le *Journal du siège* et les deux procès qui constituèrent le manuscrit de Saint-Victor, autrefois coté n° 285, fonds de ce nom, et aujourd'hui 14.665, fonds latin de la B. N.

C'est sur cette copie qu'a été faite la transcription du *Journal du siège*, dont une copie est à Saint-Pétersbourg, une autre au Vatican et enfin une troisième venue en la possession de Jean-Jacques Rousseau et donnée par lui à la Bibliothèque de Genève (manuscrit français n° 86).

Donc quatre copies manuscrites du travail exécuté par Soubsdan en 1466, donnant un texte uniforme avec quelques variantes. Que la transcription du manuscrit 14.665 ait été faite en 1472, alors que Nicaise était prieur à Bucy ou en 1488 lorsqu'il devint abbé de Saint-Victor, la différence entre ces deux dates, soit 16 ans, ne peut en rien influer sur cette transcription au point de vue du langage qui devait être le même à ces dates.

Enfin Quicherat dit (V-445), que le manuscrit de Saint-Victor est une copie très défectueuse et très postérieure de la rédaction authentique aux deux procès. Nous nous en rapportons à ce savant quant à son appréciation sur les deux procès; mais s'il entend dire la même chose pour le *Journal*, nous considérerons alors son appréciation comme mal fondée. La copie faite par le prieur de Bucy en 1472 du travail de Soubsdan, est conforme à ce dernier texte imprimé en 1576 (pages 99 et suivantes).

(1) L'abbé Dubois qui se consacra tout spécialement à l'étude de cet événement si important de notre histoire, trouvant le titre qu'on donnait à l'ouvrage qui y est consacré fort long « crut devoir, déclare-t-il, lui attribuer celui de *Journal du siège*, nom qu'il ne porte pas dans les ouvrages imprimés. » C'est d'après cette déclaration que M. Boucher de Molandon a écrit que : « Dubois est le premier qui a donné à *l'Histoire au vray*, le nom caractéristique de *Journal du siège* : et depuis lui a été conservé. »

C'est là une assertion tout à fait inexacte, car bien avant l'abbé Dubois, et sans rechercher au-delà de 1817, année où Lebrun de Charmettes publia son *Histoire de Jeanne d'Arc*, celui-ci y désigne fréquemment le document parlant du siège sous le titre de *Journal du siège d'Orléans* (I — 109, 112, 113, 117, 119, etc.). Depuis c'est sous ce titre que les notes journalières prises par le chancelier pendant le siège ont été désignées. Dubois avait lu cette histoire de Lebrun qu'il critique maintes fois, il n'a pas été sans remarquer cette mention de *Journal du siège d'Orléans* répétée presque à chaque page, en note. On ne peut alors expliquer sa déclaration que le titre de *Journal* ne figure pas dans les ouvrages imprimés que par un défaut de mémoire qui se manifeste encore de sa part au sujet de Tripault, à qui il conteste d'abord la première publication du *Discours au vray...* puis qu'ensuite il lui attribue (Voir ci-après pages 88, 89).

primo in gallico civitatis Aurelianensis obsidio, etc. »
« Abrégé des Gestes advenues au royaume de France du
temps de Charles VII; et d'abord *en français,* le siège de la
cité d'Orléans, etc. »

« Ainsi l'idée du siège n'arrive, ajoute Vallet, que dans le
sous-titre, et cette traduction latine le présente d'abord
comme une *chronique d'ensemble, forme de titre (avec le
mot geste) commune à la Geste françoise; à la Chronique
de la Pucelle et au Journal du Siège.* » (1) Cette déclaration de
Vallet est précise. Les notes prises sur le siège par le chancelier pour continuer sa *Geste* ont bien, d'après lui, été insé-
rées dans la *Geste,* qui en forme, pour ainsi dire, trois : la
Geste des Nobles, celle des notes ou *Journal du Siège,* et la
Geste ou *Chronique de la Pucelle.* Il nous semble qu'après
une semblable constatation cet historien n'aurait pas dû
hésiter à attribuer le *Journal* au chancelier. Que lui fallait-
il donc de plus pour arriver à cette conclusion ?

Observons en passant, à propos du substantif féminin
Geste, que c'est le titre que nos anciens chroniqueurs et
poètes donnaient aux ouvrages qu'ils composaient sur les
grands événements de notre histoire nationale, notamment
sur les croisades : *Gesta Dei per François,* etc. Et c'est, pensons-nous, non sans raison et peut-être pour la dernière
fois, que ce mot significatif de *Geste* a été employé ici par
le chancelier, comme devant être le titre qu'il convenait de
donner à la plus brillante et à la plus merveilleuse épopée
consacrée aux faits du siège et aux actions héroïques de
Jeanne d'Arc. Cette épopée, qui n'a pas sa pareille dans
notre Histoire et dans celle des autres nations, clôt le moyen
âge, temps où le merveilleux et l'extraordinaire se faisaient
remarquer en toutes choses.

Valerandus Varanius, né à Abbeville, docteur en théologie,
à Paris, publia en 1516 un poème en quatre chants avec le
titre : « *De gestis Joannæ Virginis Francæ egregiæ bellatricis*

---

(1) Il ajoute que ce *Journal du siège* remonte en effet au mémorial
quotidien tenu en présence des événements par un Orléanais. Un
compilateur le remania vers 1467, en y intercalant des additions plus
récentes et distinctes; mais c'est là et non dans le *Journal* proprement
dit, que se trouvent exclusivement les passages intercalés, notamment
celui qui concerne Aymard de Puiseux.

libri quattuor Venumdatur Parisiis à Johanne de Porta in clausa Brunelli sub signo Cathedræ Commorante. » (1).

Dans sa dédicace au cardinal Georges II d'Amboise, l'auteur déclare avoir composé son poème avec les pièces de l'un et de l'autre procès, d'après le manuscrit de Saint-Victor que lui prêta l'abbé de Lorme.

Cette composition, qui comprend environ trois cents vers, d'une assez médiocre rime, dit Lenglet-Dufresnoy, a, d'après Quicherat, la valeur d'un document historique pour les renseignements qu'elle contient. C'est lui le premier qui a dit que Jacques d'Arc mourut de chagrin en apprenant le supplice qu'on avait fait subir à Jeanne (v-89, 400). Cet historien-poète que d'après Cuissard, l'abbé Dubois, ne paraît pas avoir connu, est cité par la Saussaye et Lemaire pour les faits du siège et de Jeanne d'Arc.

En 1560, un professeur d'Orléans du nom de Micqueau fit paraître en latin l'histoire du siège d'Orléans sous ce titre : « *Aureliæ urbis memorabilis obsidio, ab anglis anno 1428, et Joannæ viraginis Lotharingæ res gestæ. Authore Jo Lodoïco Micquello, juventutis Aureliæ moderatore. Ad Carolum Cardinalem Lotharingum. Parisiis apud Andream Wechelum, sub Pegaso, in vico Bellavoco. Anno salutis 1560* », et en 1631, le même ouvrage sous le titre : *Aureliæ urbis anglicano obsidio, et simul res gestæ Joannæ Darciæ vulgo Puella Aurelianensis. Authore Joannæ Lodoïco Micquello. Opus nunc demum recognitum. Lutetiæ Parisiorum apud Jacobum Duguast, ad Chirotecas coronatas, via cytharæ, 1631.* »

Né à Reims vers 1530, Micquel ou Micqueau, vint à Orléans en 1557 et suivit les cours de l'Université; en 1564, il fut choisi comme chef ou principal d'un des deux collèges

(1) Sous le n° 328 du Catalogue des Incunables et des éditions rares de la Bibliothèque publique d'Orléans, par Cuissard, Orléans, 1895, on trouve classé D 1284 « Varianus (Valerandus). De gestis Joannæ Darciæ. — Paris, 1516. Titre, Valerandi Varanii de gestis Joanne Virginis. Francæ egregie bellatricis libri quatuor. *A la fin :*

    I faustæ omine dexteroque caelo
    I Francos sacra virgo per penates
      Urbatim simul et domesticatim.

In-4°, car. romains, signat. a, l, marque typog. de Jean de la Porte, reliure ancienne. Boni nuntii Aurel., 1684.

nommé Champeau ou Champagne. Dans son épitre dédicatoire au cardinal de Lorraine, Charles de Guise, « l'auteur déclare qu'il a composé son ouvrage d'après des manuscrits écrits en français, à la suite du siège et qui existaient de son temps. Il faut en conclure, dit l'abbé Dubois, que le fond de sa narration est exact, mais pour la rendre plus agréable, il l'a revêtue de tant de circonstances prises dans son imagination qu'il lui a fait perdre la majeure partie de son mérite. L'autre partie n'est rien moins qu'exacte ». Cette publication que Lenglet-Dufresnoy présente, au contraire, comme exacte, curieuse et peu connue, précéda de seize ans, celle ci-après du ms. du siège, sans révéler l'existence de ce document au public (1).

Le *Journal du siège d'Orléans* fut publié pour la première fois en 1576, in-4°, 50 feuillets numérotés au recto seulement, par Saturnin Hotot, avec cet intitulé :

« L'histoire et discours au vray du siège qui fut mis devant la ville d'Orléans, par les Anglois le mardy xii° jour d'octobre MCCCCXXVIII, régnant alors Charles VII° de ce nom, Roy de France.

« Contenant toutes les saillies, assaults, escarmouches et autres particularitéz notables qui de jour en jour y furent

(1) Dubois signale quelques erreurs, entre autres, celle où Micqueau écrit qu'après la défaite de Rouvray-Saint-Denis et le départ d'Orléans du comte de Clermont et de ses auvergnats, les habitants n'espéraient plus être secourus voulaient se rendre aux Anglais. Dubois s'élève vivement contre une pareille calomnie que la conduite tenue jusqu'alors par les Orléanais ne justifiait point. Micqueau ne l'aurait inventée, dit Dubois, que pour mettre un discours dans la bouche du bâtard d'Orléans.
Contrairement à ce qu'allègue Dubois, Micqueau n'a rien inventé, et indépendamment du *Journal* montrant les Orléanais désespérés et ayant recours au duc de Bourgogne pour obtenir de Bedford l'abstinence de guerre, il a pu lire dans la *Chronique de Charles VII*, par J. Chartier, ces lignes : « finalement cette ville réduite a si grant nécessité que ses habitans eussent volontiers trouvé aucun traictié de composicion par payant aucune grosse somme d'argent aux Anglois sans rendre la ville ou se fussent volontiers mis en l'obéissance du duc de Bourgogne », qui jusqu'à un certain point, peuvent justifier Micqueau. L'ouvrage de ce dernier a été traduit en français et publié à Paris en 1631, par Dubreton, sous le titre : *Histoire du siège d'Orléans et de la Pucelle*, et précédé d'une dédicace aux maire et échevins d'Orléans. Cet ouvrage mentionné par Lenglet-Dufresnoy ne se trouve pas à la Bibliothèque publique d'Orléans.

faictes; avec la venue de Jeanne la Pucelle, et comment par
grâce divine, et force d'armes, elle feist lever le siège de
devant aux Anglois. — Prise de mot à mot sans aucun changement de langage, d'un vieil exemplaire escript à la main
en parchemin, et trouvé en la maison de ladicte ville d'Orléans. — Plus un Echo contenant les singularitez de ladicte
ville par M. Léon Trippault (1), conseiller en icelle ville. —
A Orléans, par Saturnin Hotot, libraire et imprimeur de ladicte ville, demeurant en la rue de l'Escrivainerie,
MDLXXVI. — Avec privilège du roy, donné le 20 Juillet 1576. » (Bibl. publiq. d'Orléans, E. 2939.) » L'ouvrage est
précédé d'une dédicace : « A Messeigneurs, Messieurs les
Maire et Eschevins de la ville d'Orléans », faicte par Nicolas
Rousseau (2), datée du 15 septembre suivant, où il expose
qu'il est utile pour l'humanité de conserver les belles actions
accomplies par les hommes, afin qu'elles encouragent et
servent d'exemples à les imiter. « C'est pourquoi, ajoute-t-
il, j'ay trouvé fort à propos le desseing de vostre imprimeur
(Hotot), de retirer de vostre trézor, et publier à la congnais-
sance d'un chacun, le vray discours de ce qui s'est passé
soubs la conduite de la Pucelle d'Orléans contre les ennemis
héréditaires de ce royaume, rafraischissant par ce moien sa
mémoire presque esteincte, ainsi que vous avez relevée sur
le pont sa remembrance de bronze, peu auparavant renver-
sée et abattue (3). Et comme telle marque publique advertist

(1) Il est essentiel de faire remarquer que Léon Trippault ne figure
dans le libellé du titre de cette première édition du *Journal du siège*,
que comme auteur de l'Echo et sans plus. Cependant comme on le
verra plus loin (p. 87 et s.) on a dit et écrit, et cela bien à tort, qu'il
était non seulement l'auteur de cette première édition, mais qu'il
avait composé ce même *Journal*.

(2) Nicolas Rousseau, avocat à Orléans, que Dubois représente
comme ayant été très versé dans l'Histoire d'Orléans, appartenait-il à
la famille Rousseau qui eut un des siens procureur de la ville en
1533-34, et un autre qui fut maire d'Orléans en 1639 ? On trouve dans
Hubert une généalogie d'une famille de ce nom.
Voyez ci-dessus, page 68, note, où Lottin parle, d'après Beauvais de
Préau (p. 193), d'un Rousseau, notaire à Orléans, historien de cette
ville et qui possédait le *Journal du siège*. Ce doit être le même que
l'auteur de la dédicace de 1576; la date de 1573 donnée par Lottin,
comme étant celle de sa mort serait erronée. Il ne figure point dans
la Biographie des Hommes illustres de l'Orléanais.

(3) Ce monument en bronze élevé par les Orléanais en 1458, sur le
pont, représentait Notre-Dame de Pitié aux pieds de la Croix, tenant
entre ses bras Notre-Seigneur; — d'un côté de ladite Croix, était la sta-

le passant de rechercher la cause et s'enquérir de ce qui aurait occasionné un tel monument ; aussi ce livre en donnera part aux absens et estrangers, leur faisant paroistre de vostre debvoir, qui estes coustumiers de recongnoistre tous ceux qui favorisent et tiennent la main au bien, liberté et seureté de ceste ville. Encores à mesme effect tesmoignera-il vostre dévotion anniversaire du 8ᵉ jour de may pour solennellement rendre grâces à Dieu de nostre délivrance et levée du siège des Anglois... ».

Cette impression fut ordonnée, par le corps de ville, à charge par l'imprimeur de fournir plusieurs exemplaires pour être déposés aux archives de la ville.

« Il fut payé par le receveur des deniers communs d'Orléans, Jacques Lefeuvre, à Saturnin Hotot, imprimeur de la ville, la somme de 30 livres tournois pour avoir par lui, suivant le marché de ce faict imprimé le librve de la Pucelle, et en avoir délivré 30 libvres (exemplaires) dont il y en a deux imprimés sur parchemin, pour mettre au trésor (archives) de la ville, par marché signé Laurent Fleureau et Guillaume Rousselet, deux des eschevins, en date du 8 du mois d'octobre 1576, et quittance dudit Hotot, signée de lui et de Duboys, notaire » (Lottin 2-53).

Le 24 novembre 1576, par mandement et ordonnance des deux eschevins Pierre Moireau et Guillaume Rousselet, signés par eux et par Duboys, notaire « il fut payé 20 sols tournois à Judas, libraire à Orléans, pour le *reliage des deux exemplaires en parchemin*, couverts de peau verte, pour mettre au trésor de ladite ville » (id. 2-59).

A noter que ces deux exemplaires en parchemin ont disparu des archives municipales à une époque indéterminée : l'un se trouve à la B. N. sous le nº 2.807, et l'autre exemplaire, croye-t-on, au British. Museum.

« L'édition ne fait pas honneur aux presses de S. Hotot,

tue de Charles VII, armé, à genoux, et de l'autre côté, la statue de la Pucelle aussi armée, à genoux. — Il fut détruit par les Protestants en 1567, puis fondu et rétabli quatre ans après. Ce nouveau monument subsista jusqu'en 1721 où un coup de vent en fit tomber les deux bras de la Croix. Ce qui en restait disparut en 1751 lors de la démolition de l'ancien pont remplacé par celui de la rue Royale (V. Beauvais de Préau, Lottin, Quicherat, IV-449, V-222, 238).

car, dit M. Cuissard, chaque page donnerait lieu à une foule de corrections typographiques (1) ; cependant les exemplaires étant devenus rares, les bibliophiles se les disputent avec acharnement dans les ventes où on les rencontre. »

Ce jugement est fondé en partie. Cette publication de 1576, contient, en effet, un grand nombre de fautes typographiques que nous signalons au fur et à mesure qu'on les lit dans notre édition du *Journal du siège;* et aussi des erreurs de dates, de noms, etc.; incombant bien plus à Soubsdan qu'à Hotot qui n'a fait que de les reproduire textuellement; fautes et erreurs, du reste, qu'on retrouve encore dans les éditions subséquentes et même des plus récentes, ainsi que nous le démontrons plus loin. Or, par un juste retour des choses d'ici-bas, les derniers éditeurs du *Journal* qui jugent si sévèrement celui de 1576 ont, par le grand nombre d'erreurs, de fautes, d'omissions contenues dans leur publication du *Journal,* et donnant lieu à des interprétations erronées du texte, trouvé le moyen de dépasser sur ce point, toutes les éditions dudit *Journal* parues avant la leur.

Pour en finir avec Hotot, nous dirons qu'on est surpris de ce qu'il n'a pas donné quelques détails intéressants sur le manuscrit du siège dont il publiait le texte, soit par rapport à son auteur, soit du copiste Soubsdan, ni fait aucune de ces remarques ou annotations qui, ordinairement, accompagnent une première publication d'ouvrage inédit et jugées utiles, indispensables même, pour le lecteur. Hotot a, à ce sujet, gardé un mutisme complet. Pour tout renseignement, il s'est borné à mettre dans le titre, que cette publication de l'histoire et discours au vray... était « prise de mot à mot et

(1) N'est-ce pas de la part de M. Cuissard se montrer par trop sévère à l'égard de l'imprimeur du xvie siècle ? De nos jours de pareilles erreurs typographiques, et souvent en bien plus grand nombre, ne se lisent-elles pas dans les publications historiques, littéraires et scientifiques ? Il arrive qu'un mot plus ou moins lisible ou mal orthographié dans le manuscrit, ou encore qu'il soit pris du vieux français, par suite hors d'usage, tombé en désuétude, ignoré du typo, est reproduit par lui, Dieu sait comme ! — Non corrigé par le prote ou par l'auteur, la faute qui, parfois, donne au texte un contre-sens, n'est aperçue que lorsque l'ouvrage est en librairie ?

Nous parlons d'expérience, car hélas ! nous avons plusieurs fois déjà passé par là. — Et nombreux sont ceux qui, écrivant et publiant, peuvent exprimer semblables doléances.

sans aucun changement de langage d'un vieil exemplaire escript à la main en parchemin, et trouvé en la maison de la ville d'Orléans. » Rien de plus.

Nicolas Rousseau, auteur de la dédicace a, sur ce point, gardé le même silence que son ami Hotot. Cependant l'abbé Dubois les représente l'un et l'autre comme ayant été très versés dans l'histoire d'Orléans. Ils n'en ont, dans tous les cas, pas fourni la preuve. Si cette édition *bâtarde*, c'est le mot qui lui convient, ne fait pas honneur aux presses de Hotot, dirons-nous avec M. Cuissard, encore bien plus, ajouterons-nous, témoigne-t-elle du peu de goût et de connaissances historiques et littéraires qu'avaient Hotot et Rousseau ; ce fut, sans doute, pour le premier, purement et simplement, une affaire commerciale (1).

En 1606, Olyvier Boynard et Jean Nyon, imprimeurs-libraires à Orléans, firent paraître une nouvelle édition du *Journal du siège*, avec quelques additions et des caractères

(1) Saturnin Hotot, imprima encore, en 1592, sous la forme in-4°, des vers en plusieurs langues composés en l'honneur du père Maurice Hilaret, cordelier, célèbre prédicateur et le plus zélé partisan de la Ligue contre Henri IV, à Orléans, où il fonda une confrérie sous le nom de Jésus. A sa mort (1591), il reçut, dit Beauvais de Préau, les plus grands honneurs.

On est surpris que cet historien, ou du moins Couret de Villeneuve, qui lui a fourni la chronologie des savants et artistes orléanais mentionnés à la fin des *Essais sur Orléans*, ne cite comme imprimeurs orléanais que :

Etienne Dolet (†1546) ; Mamert Patisson (†1600) ; et Daniel Foucault (†1675). Il convenait pourtant d'ajouter à ces trois noms ceux de Mathieu Vivian qui, en 1491, imprima la traduction française du *Manipulus Curatorium* (Voy. ci-dessus page 28, note); de Trepperel, en 1560, l'*Histoire du siège d'Orléans* par Micqueau; — de Saturnin Hotot, Boynard et Nyon, Robert Hotot, fils ou neveu de Saturnin, qui imprimèrent le *Journal du siège* en 1576, 1606, 1621; — Gilles Hotot, imprima ou grava, vers 1590, le plan et profil de la ville d'Orléans ; Maria Paris, en 1645, *les Antiquités d'Orléans*, de Lemaire; et en 1647, l'*Histoire de l'Eglise et du diocèse d'Orléans*, par Symphorien Guyon; — François Rouzeau, imprima en 1736, la *Description de la ville et des environs d'Orléans*, par Polluche. — Nous comprenons très bien que Couret de Villeneuve, « imprimeur du roi et directeur des Annonces », ait, par un sentiment de délicatesse, omis de faire figurer son nom dans cette liste; mais Beauvais de Préau devait bien suppléer à cette omission volontaire en y comprenant celui qui imprima *les Essais historiques sur Orléans*. Ç'aurait été de sa part, accomplir à la fois un acte de justice et de reconnaissance.

Il y a d'autres imprimeurs qui devraient figurer dans cette liste, et à bon droit, mais leurs noms ne nous viennent pas, en ce moment, à la pensée. Puis, du reste, ce n'est ici qu'une simple note et non un travail sur l'imprimerie orléanaise.

d'impression plus soignés que ceux de l'édition Hotot, dit
M. Cuissard, bien que, souvent encore défectueux. Aux erreurs contenues dans l'édition de 1576, reproduites dans
celle-ci, de nouvelles, en grand nombre, y ont été ajou-
tées (1).

D'autres éditions parurent successivement à Lyon, Orléans, Tours, Rouen, Troyes, en 1619, 1621, 1622, 164...,
reproduisant la plupart, pour ne pas dire toutes, religieusement les fautes et erreurs contenues dans celles de 1576 et
1606.

Il convient de mentionner les trois historiens d'Orléans,
la Saussaye, Lemaire et Guyon qui, dans leurs ouvrages sur
cette ville, ont parlé plus ou moins longuement du siège de
1428-29 et de Jeanne d'Arc.

Charles de la Saussaye, docteur de Sorbonne, doyen de
l'Eglise d'Orléans, curé de Saint-Jacques-de-la-Boucherie et
chanoine de l'Eglise de Paris (1565-1621), publia en 1615, à
Paris, chez Denart, en un volume in-4°, les « *Annales Eccle-
siæ Aurelianensis* ».

Le livre xiv est consacré entièrement à Jean de Saint-Michel, évêque d'Orléans « célèbre, dit cet historien, à cause
du siège mis par les Anglais devant cette ville et par sa délivrance qui eut lieu sous son épiscopat ». Célèbre! objecte-
rons nous, mais il fit en la circonstance tout le contraire de
ce qu'il fallait faire pour mériter ce titre. Voyez ci-dessus,
page 33, sur la conduite tenue par ce prélat au moment du
siège.

Laissant à d'autres le soin de raconter ce qui causa ce con-
flit avec l'Angleterre, le début des hostilités, ce qui s'en suivit, et l'envahisseur repoussé, il suffira, déclare la Saussaye,
de mettre en lumière ce qui touche à l'histoire de l'Eglise.

(1) Cette deuxième édition du *Journal du siège* en un volume in-12,
reproduit le titre « l'Histoire et discours au vray... » donné par Hotot; — on a supprimé le nom de Léon Trippault et sa pièce de vers,
mais on y a ajouté diverses pièces, etc... D'après M. Cuissard, cette publication a été imprimée avec des caractères plus soignés que ceux
employés pour l'édition Hotot. — Nous avons sous les yeux les exemplaires de ces éditions qui sont à la Bibliothèque publique d'Orléans
(cotés E 2939, Hotot, E 2930, Boynard); et, après examen, nous n'hési-
tons pas à déclarer que l'impression typographique Hotot est de beaucoup préférable pour la netteté à celle de Boynard. Quant aux erreurs
qui existent dans ces éditions, nous les énumérons page 94.

Il parle du siège, et le peu qu'il en dit, est pris du *Journal*, quoiqu'il ne le cite point; puis de Jeanne d'Arc, qu'il prend à Domrémy et conduit jusqu'à son supplice à Rouen, et même après le procès de réhabilitation. Il fait mention de la parenté de l'héroïne en citant les archives de la ville d'Orléans, et le Traité sommaire de Charles du Lys, paru en 1612. Il fait arriver Jeanne d'Arc à Chinon vers le 17 février (au lieu du 6 mars); indique, pour le sacre, le 7 juillet (au lieu du 17); ces dates erronées se lisent également dans le *Journal*. Avec Valcrandus, il donne 1430 (au lieu de 1431) comme étant l'année du supplice de Jeanne à Rouen. Il est à noter que la Saussaye ne parle point de la publication faite par Hotot, en 1576.

François Lemaire, conseiller au Présidial, assesseur de la Maréchaussée, échevin d'Orléans en 1622, consacra les loisirs que lui laissaient ces diverses fonctions à faire des recherches sur la ville et le duché d'Orléans. En 1645, il fit paraître sous la forme in-4° : « L'Histoire et Antiquitez de la Ville et duché d'Orléans. A Orléans, par Maria Paris, imprimeur et libraire, près Saint-Liphard. MDCXLV, avec dédicace à Gaston, duc d'Orléans, etc., et privilège du roy. »

Au chapitre XL, page 284, il dit : « Quand au siège mis par les Anglois, en octobre 1428, je n'en feroy qu'un sommaire récit, puisque tous les historiens l'ont descrit, et entre iceux messire de Lorme, abbé de Saint-Victor-lez-Paris, Valcrandus Varanius en vers latins, Lodoïcus Micquellus : *de obsedione urbis Aureliæ;* un livre intitulé l'*Histoire du siège d'Orléans*, imprimé à Troyes par Claude Bridem; et depuis maistre Jehan Hordal, docteur et professeur au Pont-à-Mousson, a fait un livre de la Pucelle d'Orléans qu'il dédie au duc de Lorraine. »

Le récit que Lemaire consacre au siège est, comme celui de la Saussaye, très bref; à son exemple, il s'étend longuement sur Jeanne d'Arc, dont il parle jusqu'à son martyre, à Rouen, en énumérant un grand nombre d'auteurs. — On remarque, non sans éprouver une certaine déception, dirons-nous avec le dernier historien d'Orléans, que parmi les ouvrages cités par Lemaire, celui qui devait y être désigné avant tout autre : le *Journal du siège*, imprimé et édité par

Hotot, en 1576, ne soit point mentionné par lui. Les exemplaires ne devaient, cependant, pas être rares en 1645, et Lemaire devait connaître cette publication. Quelle raison a-t-il bien pu avoir pour ne pas en parler et citer à la place le manuscrit de Saint-Victor?

Symphorien Guyon, prêtre de l'Oratoire, docteur en droit, curé de Saint-Victor d'Orléans (1581-1657), est auteur de l' « *Histoire de l'Eglise et Diocèse, Ville et Université d'Orléans*, in-f°, à Orléans chez Maria Paris, imprimeur du roy, en la grande rue de Bourgongne, proche de l'Eglise de Saint-Liphard, 1647 ».

Pour le siège et Jeanne d'Arc, l'auteur y a consacré le chapitre LXIV, relatif à l'évêque Jean de Saint-Michel et compte près de 70 pages. Le récit qu'il fait du siège est, dit-il, par une note mise en marge de la page 183, 2° partie, « tiré d'un vieil livre manuscrit trouvé dans les archives de la maison de la ville d'Orléans, et depuis imprimé à Orléans, en vieil langage gaulois, selon la phrase de ce temps-là, duquel j'ay tiré le sens et la substance de l'histoire, retranchant quelques choses non nécessaires, et y en ajoutant quelques autres nécessaires qui avaient été omises. » (1).

En effet, S. Guyon a retranché, c'est-à-dire, n'a pas reproduit dans le récit qu'il donne du siège maints passages qui se lisent dans le *Journal*. D'abord, il ne fait pas mention de l'entrée à Orléans, le 25 octobre, du bâtard d'Orléans, Sainte-Sévère, etc., non plus de l'arrivée du connétable de Richemont devant Beaugency, assiégé par la Pucelle et le duc d'Alençon, ainsi que de bon nombre d'autres faits de moindre importance relatés dans le *Journal*. — Mais au récit de ce document, il ajoute que fin décembre, les Orléanais députèrent quelques-uns d'entre eux qui, *avec des ambas-*

(1) « Par ce que j'en ai vu (de cette histoire d'Orléans), l'auteur, S. Guyon avait eu, dit Lenglet-Dufresnoy, communication du manuscrit d'Edmond Richer, c'est le même ordre et les mêmes faits ». Rien n'est plus inexact. Guyon cite Dupleix, Hordal, etc., pas mention, même une seule fois, de Richer. Pour sa relation, l'historien orléanais a, ainsi qu'il le déclare, suivi le *Journal du siège*, les Archives municipales. Avait-il eu seulement connaissance de l'histoire restée manuscrite sur Jeanne d'Arc, composée par E. Richer vers 1630, jugée si sévèrement par Lenglet et Berriat Saint-Prix? Cela n'est nullement établi.

6

sadeurs envoyés par Charles VII, se rendirent auprès du duc
de Bourgogne pour le prier d'obtenir de Bedford, l'abstinence de guerre pour leur ville, et de Hugues de Saint-Mars,
gouverneur de Blois, qui alla auprès du duc d'Orléans, prisonnier en Angleterre. En donnant au samedi et au dimanche, jours de la prise des Tourelles et de la levée du
siège, les dates des vii et viii mai, il rectifie le *Journal* qui indique par erreur vi et vii mai pour ces deux jours.

De même en mentionnant le 6 mars, comme étant la date
de l'arrivée de Jeanne à Chinon, il rectifie et complète sur
ce point d'abord le *Journal* qui place cette arrivée entre les
16 et 17 février; la Saussaye vers le 17 février, et Lemaire, environ le 15 février. Guyon ne fait pas connaître d'après
quelle autorité il a indiqué cette date du 6 mars. C'est, pensons-nous, parmi les historiens, un des premiers qui donne
ce renseignement important (1). Cette indication de date
vient donc bien longtemps avant que Quicherat ne l'ait fait
connaître d'après la Chronique du continuateur français de
G. de Nangis et celle du Mont Saint-Michel. Notre historien
est le seul faisant mention : 1° que la bastille construite avec
les ruines des maisons et couvent des Augustins, s'appelait
Londres, tandis que cette dénomination était donnée à la
bastille construite au lieu dit des douze pairs ou douze
pierres ou de la grange Cuyveret;

2° D'une bastille nommée Vuidesor (Windsor) vers Saint-
Laurent, dont il n'est fait mention nulle part (2) ;

(1) « Nous ne connaissons pas précisément, dit Berriat Saint-Prix,
le jour de l'arrivée de Jeanne à Chinon... Au plus tôt un des derniers
jours de Février, et peut-être plus tard, d'après ce passage d'une ancienne chronique : « 6 Mars 1428, la Pucelle vint au roy, » Serres,
dans son Inventaire, page 224, dit également le 6 Mars, *idem* Guyon,
Histoire d'Orléans, page 205. » (*Jeanne d'Arc*, page 186).

(2) C'est dans cet historien qu'on lit que les Anglais firent élever
vers Saint-Laurent, une bastille qu'ils nommèrent Vuidesor (2-183).
Serait-ce d'après lui que Beauvais de Préau, éditeur des *Essais sur
Orléans*, de Polluche, dit : « Avant la dernière crue d'Orléans (sous
Louis XII), l'église de Recouvrance n'était qu'une ancienne chapelle
bâtie sur les fondements d'une de ces forteresses élevées par les Anglais lors du siège d'Orléans, sous le nom de bastilles, celle-ci portait
le nom de Windsor.» Le *Journal du Siège*, les *Chroniques de la Pucelle*, de *Charles VII et du 8 Mai*, le *Mystère* et les comptes de ville ne
faisant nulle mention d'une bastille du nom de Windsor, on se de-

3° Que Baudricourt pour s'assurer de la véracité de ce que Jeanne lui avait dit touchant la déconfiture de Rouvray-Saint-Denis, envoya des messagers pour s'informer à ce sujet, lesquels de retour, lui confirmèrent ce que la Pucelle lui avait annoncé; le *Journal* et la *Chronique de la Pucelle* ne font pas mention de l'envoi de ces messagers par Baudricourt;

4° Que Jeanne sut par révélation divine que les chefs de l'armée, devaient, au départ de Blois pour Orléans, prendre par la Sologne, au lieu d'aller par la Beauce, comme elle l'avait demandé. Le *Journal* ne parle point de cette prétendue révélation divine. Si cette assertion de Guyon était admise comment pourrait-on expliquer les reproches que Jeanne fit au bâtard d'Orléans à ce sujet?

5° Guyon dit qu'à la prise des Tourelles, Jeanne recommanda d'épargner les prêtres qui s'y trouvaient; pas un mot de cela dans le *Journal;*

6° C'est d'après Monstrelet (et Forestel de Wavrin), que Guyon parle du cerf qui, à Patay, effrayé et prenant sa course devant les Français, alla se jeter parmi les Anglais cachés par des bouquets d'arbres. Ceux-ci, par les cris qu'ils poussèrent à l'apparition de ce cerf, révélèrent leur présence aux Français qui fondirent sur eux et les défirent entièrement. Le *Journal*, pas plus que les *Chroniques de la Pucelle* et de *Charles VII*, et G. Gruel, qui assistait à cette action, ne font mention de cet incident.

Nous arrêterons là ces remarques critiques ; il y en a bien d'autres à faire, notamment pour la date du sacre qu'il place au dimanche 10 Juillet, etc. Le *Journal* portant le 7 juillet, les *Chroniques de Charles VII et de la Pucelle*, le dimanche sans indication de quantième, Monstrelet le 6. Toutes ces dates étant erronées, où Guyon a-t-il pu prendre celle du 10 qui est également inexacte?

mande où Guyon a pu prendre ce renseignement. Cette erreur du vieil historien orléanais a été signalée par Lebrun de Charmettes, Dubois et par l'abbé Patron.
Vergnaud (p. 422), Lottin (1-208) écrivent que la bastille Saint-Laurent était aussi nommée Windsor; Biémont a reproduit le récit de Beauvais de Préau.

Il a rectifié le *Journal* quant aux dates et aux transpositions de faits de la dernière semaine de janvier; mais il a suivi ce document en plaçant au mardi 25 janvier la trahison des habitants de Sandillon, etc., au lieu du 18, date exacte. Ces erreurs de dates et de transpositions de faits ont depuis été signalées par l'abbé Dubois et par les derniers éditeurs du *Journal*.

CHAPITRE II

1847. Journal du Siège publié par Quicherat dans « Procès de condamnation... de Jeanne d'Arc ». — 1855. Même ouvrage édité par Jacob et Herluison. — 1867. Autre édition par Herluison. — 1885. Nouvelle édition par le même. — 1896. Journal du Siège d'Orléans publié par MM. Charpentier et Cuissard. — Examen critique de ces publications. — Relevé des erreurs contenues dans les éditions du Journal publiées par Hotot, Boynard et Herluison.

Dans sa publication : « *Procès de condamnation et de réhabilitation de Jeanne d'Arc*, 5 vol., Paris, 1841-1849 », M. Quicherat y inséra le *Journal du siège*, « qui n'avait pas été publié depuis Louis XIII, ni séparément, ni dans les collections de chroniques et de mémoires, et était devenu d'une rareté extrême. Cette considération, déclare-t-il, l'a déterminé à le reproduire intégralement, après en avoir revu le texte sur les manuscrits de Durfé et de Saint-Victor, avec ce titre rétabli d'après ces deux manuscrits : Petit traictié par manière de Croniques, contenant en brief le siège mis par les Angloys devant la cité d'Orléans, et les saillyes, assaulx et escarmouches qui durant le siège furent faicts de jour en jour; la venue et vaillans faicts de Jehanne la Pucelle, et comment elle en feist partir les Angloys et en leva le siège par grâce divine et force d'armes, 1428. »

En 1855, Georges Jacob, imprimeur et Henri Herluison, libraire, à Orléans, réimprimèrent l'édition de 1606, de Boynard et Nyon. — Pour tout texte mis par eux à cette publication, ils se contentèrent des lignes suivantes : « Avis. L'histoire au vray du siège d'Orléans (1428-29), est demeurée tellement rare aujourd'hui, que nous avons cru faire plaisir aux amateurs de nos vieux souvenirs en *réimprimant textuellement* l'édition qu'en publièrent en 1606, Boynard et Nyon, libraires jurés d'Orléans. Nous n'avons pas même voulu en distraire la dédicace aux Maire et Echevins d'alors parce qu'elle prouve que les sentiments de reconnaissance envers Jeanne d'Arc, qui vont recevoir au *8 mai 1855*, une manifestation si éclatante, sont les sentiments héréditaires dont peut à bon droit s'honorer la cité. »

Les fautes et erreurs contenues dans les éditions de 1576 et 1606 sont toutes reproduites dans celle-ci; laquelle dépourvue de tout esprit critique paraît n'avoir été faite que dans un but commercial.

1867. — Autre édition publiée par Herluison, semblable à celle qui précède.

1885. — Nouvelle édition du *Journal du Siège*, par H. Herluison. C'est encore la reproduction de celles ci-dessus mentionnées, avec leurs fautes et erreurs de dates, de faits, de noms, etc. Toute la prose sortie de la plume du libraire-éditeur se borne à ces deux alinéas :

« Note de l'éditeur. — De nombreux documents nous sont restés sur le siège qu'Orléans eut à soutenir contre les Anglais en 1428. *L'un des plus importants est l'histoire au vray*, dont le manuscrit est depuis longtemps perdu, *mais qui a été mis en lumière par Léon Trippault*. Rédigé par un témoin oculaire, ce *Journal* retrace jour par jour le tableau de la ville assiégée et si miraculeusement sauvée par l'intervention de Jeanne la Pucelle.

« Les Orléanais n'ont point perdu le souvenir de cette délivrance : il est aussi vivace qu'au premier jour. L'un d'eux (Herluison) a pensé qu'une réimpression sous une forme exiguë ne serait pas déplacée dans la bibliothèque des curieux : c'est ce qui a donné lieu à la *présente édition en caractères microscopiques*. Orléans, 8 mai 1885. H. H. »

Il ne saurait être mis en doute que le libraire-éditeur attachait une certaine importance à cette publication exécutée avec des caractères microscopiques. Dans sa pensée, elle devait, par la forme exiguë (vol. in-32) et son impression typographique, primer toutes celles parues sur le siège d'Orléans. En un mot, faire époque, et par cela même, être recherchée tout spécialement des érudits et des bibliophiles orléanais.

Si, à ce point de vue, Herluison a pu atteindre le but qu'il s'était proposé, il n'en est, certes, pas ainsi quant à la correction du texte, qui est celui donné dans les éditions de 1606 et 1576, c'est-à-dire avec toutes les fautes et erreurs

qui s'y trouvent. Peu versé dans notre histoire, surtout celle
du xvᵉ siècle, et pour couper court à tout travail de revision,
et par suite d'annotations, Herluison jugea qu'en l'occurrence il était bien plus simple de réimprimer telle quelle
l'édition de 1855, reproduisant fidèlement celles de 1576
et 1606 si fautives. Et, chose à peine croyable, il trouva
encore le moyen d'ajouter de nouvelles erreurs et fautes à
celles déjà si nombreuses qui s'y lisent, ainsi que nous le
prouvons page 91.

Il serait trop long de vouloir les énumérer toutes. Bor-
nons-nous à signaler celles ci-après :

Cette publication si recommandée a, comme premier
titre : « *Histoire du siège d'Orléans par les Anglais, 1428.* »
— Le mot *mis* (Siège d'Orléans *mis*...) qui est dans toutes
les éditions du *Journal*, même celle de 1855, ne figure pas
ici : il nous semble ne pas être inutile pour la régularité de
la phrase.

A l'alinéa : « prise de mot à mot, *sans autre changement* »... autre demande que... sans autre changement
que... Dans Hotot, il y a : « prise de mot à mot sans *aucun*
changement. » *Aucun* précise ici et ne donne pas lieu à
équivoque.

Dans la « Note de l'éditeur » qui, en dix lignes, renferme
toute la prose consacrée par Herluison à cette édition, il est
dit du *Journal* que c'est l'un des plus importants documents
du siège. Il aurait été plus exact d'écrire le plus *important*,
puisqu'il est consacré spécialement à cet événement, dont
il raconte, jour par jour, toutes les péripéties.

Journal mis en lumière par Léon Trippault! C'est là une
grosse et bien grave erreur commise par l'éditeur et qui ne
s'explique point puisque, déjà, il avait publié plusieurs fois
le *Journal*. En cas de doute de sa part, — supposé qu'il eût
éprouvé réellement un doute à ce sujet, — il lui suffisait
de lire le titre de l'édition Hotot, 1576; il y aurait lu que
Léon Trippault n'y figure que d'une façon tout à fait inci-
dente, c'est-à-dire comme auteur d'une petite pièce de vers
intitulée : « *Dialogue. Le Passant, L'Echo* », insérée dans
cette édition, après la dédicace, et comme un hors-d'œuvre.

L'origine de cette erreur attribuant à Léon Trippault la
publication de la première édition du *Journal du Siège*, re-

monte à Lenglet-Dufresnoy qui, dit l'abbé Dubois, a été
suivi par le P. Lelong, Polluche, Berriat Saint-Prix, etc. (1).
Nous ne reproduirons pas l'examen critique auquel s'est
livré Dubois dans son *Histoire du Siège*, pour démontrer
que Léon Trippault n'a pas été le premier éditeur du *Journal;* le libellé du titre de l'édition de 1576 donné ci-dessus,
page 74, ainsi que la dédicace écrite par Rousseau, le prouvent suffisamment. Si, à la rigueur, Lenglet-Dufresnoy, le
P. Lelong, etc., étrangers à notre ville et à son histoire,
peuvent, jusqu'à un certain point, être excusés d'avoir
commis une pareille méprise, on ne saurait réellement en
dire autant en ce qui concerne les historiens d'Orléans qui
l'ont reproduit de confiance, sans examen. Pouvait-on croire
un seul instant qu'une semblable erreur, disons le mot qui
convient ici, une aussi forte et grossière *bévue*, signalée et
rectifiée par Dubois, serait à nouveau imprimée par un
Orléanais ayant édité, à trois fois différentes, le *Journal du
Siège* : 1855, 1867, 1885. C'est cependant ce qui a eu lieu
de la part de M. Herluison!

Il est vrai que pour excuser M. Herluison, si toutefois il
peut l'être d'avoir commis une aussi grosse faute, on pour-

(1) Comme nous le disons dans le texte, il n'y a eu du *Journal du
Siège* qu'une seule impression en 1576, celle faite par Hotot avec le
titre : *Histoire et discours au vray.* (V. p. 74.) Ce serait de mémoire,
probablement, que Langlet a indiqué le titre ci-après reproduit par
les historiens orléanais et autres.
« Histoire du Siège d'Orléans fait par les Anglais en 1428, et sa
délivrance par Jeanne d'Arc, dite la Pucelle, *tirée d'un ancien exem-
plaire, par Léon* TRIPPAULT, in-4°, Orléans, 1576; est aussi marqué
Paris, in-4°, 1577. »
« Idem, in-8°, Orléans, 1606, 1611, 1621. Idem in-8°, Troyes, 1621;
Paris, 1622. »
« *La vie et la mort de la Pucelle d'Orléans*, in-12, Lyon, 1619.
Cet ouvrage n'est qu'une copie de ceux qui sont énoncés ci-dessus,
avec changement du titre, publié d'après Léon Trippault. On doit
regarder ce *Journal* ou *Chronique* comme une pièce originale. »
« *Joannæ Darc res gestæ, imago et judicium et gallicé*, in-12. *Aure-
liæ*, 1583. Cet ouvrage est de Léon Trippault, qui a traduit en latin
la *Chronique du Siège d'Orléans*, tirée des archives de cette ville.
(*Histoire de Jeanne d'Arc*, par l'abbé Lenglet-Dufresnoy. Paris 1753,
p. 196.) » Dans une édition de ce même ouvrage, Amsterdam, 1775,
ce même texte y est reproduit, p. 141-142. Lenglet ajoute qu'il doit
la plupart des renseignements qui y sont contenus à M. Polluche.
Dans sa publication sur Jeanne d'Arc, Paris, 1817. Berriat Saint-
Prix cite fréquemment pour les faits du siège, etc., l'ouvrage ci-dessus : *La vie et la mort de Jeanne d'Arc*, Lyon, 1619, par Léon Trippault.

rait dire que déjà, avant lui, par une inconséquence inex-
plicable, on voit l'abbé Dubois qui, réfutant pages 58, 59,
60, cette assertion, dire, cependant, page 273, « les *éditions
de 1576* et *de 1621 (sic) furent données au public par Léon
Tripault*, et page 275, « *c'est, effectivement, en 1576 que Léon
Tripault fit imprimer le Journal du Siège d'Orléans* », —
Vergnaud Romagnésy qui connaissait les manuscrits de
Dubois dont il a fait usage pour son *Histoire de la ville d'Orléans*, écrivit la même chose dans cet ouvrage : « C'est à
Léon Tripault, dit-il, qu'on doit la conservation des seuls
renseignements détaillés que nous possédions sur le siège
d'Orléans. » — « Il fut le premier éditeur de l'Histoire et
discours au vray du siège qui fut mis devant la ville par
les Anglais, mardi 12 jour d'octobre 1428. Saturnin Hotot,
Orléans, 1576, in-4°. » — Cet ouvrage fut tiré d'un vieux
manuscrit en parchemin qui existait aux archives de l'Hôtel
de Ville d'Orléans, et dont nous ne connaîtrions pas l'existence sans le travail de Léon Tripault. » (p. 27, note; 2ᵉ éd.,
1830.) « C'est à lui (Léon Tripault) qu'on doit la conservation d'un manuscrit qui se trouvait à l'Hôtel de Ville et qui
contenait le *Journal du Siège d'Orléans;* il le fit imprimer. »
(Id. p. 671.)

Et après Vergnaud, Herluison, l'abbé Patron, dans ses
Recherches sur l'Orléanais (1-103, 246) ; l'abbé Duchâ-
teau, *Histoire du diocèse d'Orléans* (p. 274); M. E. Bimbenet, dans la Notice nécrologique sur Gabriel Baguenault de
Viéville, 1889, Soc. des Sciences, etc., p. 44; M. Basseville,
dans la Notice nécrologique sur Herluison, 1906, etc. Tous,
se copiant les uns sur les autres, ce qui dénote l'absence
d'esprit critique et la confiance hors de propos que chacun
possède à l'égard de son prédécesseur, ont écrit que Léon
Tripault avait, le premier, publié le *Journal du Siège!*

« *Journal du Siège d'Orléans, 1428-29*, augmenté de plusieurs documents, notamment des comptes de ville, 1428-
1431, publié par Paul Charpentier et Charles Cuissard,
membres de la Société Archéologique et Historique de l'Orléanais et de la Société d'Agriculture, Sciences, Belles-
Lettres et Arts d'Orléans. — Orléans, H. Herluison, libraire-
éditeur, 1896. »

Deux personnalités sont en nom pour cette publication.
Quelle est celle des deux qui s'en est occupée tout spécialement? Est-ce à M. Charpentier ou à M. Cuissard que doivent
être adressées les critiques auxquelles donne lieu leur édition
qui, d'après leur déclaration, devait remplacer celles parues
sur ce sujet, et jugées par eux comme étant toutes fautives.

Disons de suite qu'elle n'est pas comme celles qui
l'ont précédées, une édition bâtarde ! — Celle-ci débute
par une longue préface où est étudiée l'importance du
Journal comme document historique; la recherche de son
auteur, l'examen critique des différents manuscrits et éditions, sur les fautes et erreurs qui y sont contenues. Nous
ferons, toutefois, remarquer que les travaux manuscrits du
savant abbé Dubois sur le siège de 1428, recueillis et mis en
ordre par M. Loiseleur et publiés par MM. Charpentier et
Cuissard, en 1894, sous le titre : « *Histoire du Siège d'Orléans, 1428-29* », ont, pour cette édition, été mis si largement à contribution, qu'on peut quasi dire que toute son
œuvre de recherches sur cet événement y a été fondue et en
constitue la partie la plus intéressante.

Les derniers éditeurs ont jugé sévèrement leurs devanciers et surtout Saturnin Hotot. Ils ont eu raison, en partie,
pour les nombreuses erreurs et fautes non rectifiées et depuis sans cesse reproduites; mais ces critiques, qui sont fondées, les mettaient eux-mêmes dans l'obligation de faire
mieux, en donnant au public une édition du *Journal* in-
demne de toutes fautes et erreurs. Hélas ! il n'en est pas
ainsi, et, comme nous le disions tout à l'heure pour Herluison, MM. Charpentier et Cuissard ont, eux aussi, trouvé le
moyen, non pas de reproduire les erreurs déjà signalées par
Dubois, mais d'en commettre de nouvelles beaucoup plus
graves, et par ainsi en ajouter encore à celles déjà si nombreuses qui existent dans les éditions parues.

Rejetant le texte de l'édition de 1576, comme ne donnant
pas, sous le rapport du style, une idée suffisante de celui en
usage dans la première moitié du XVe siècle, ils ont cru devoir publier celui du manuscrit de Saint-Victor, c'est-à-
dire la copie faite par Nicaise de Lorme, en 1472, du travail
de mise au net exécuté par Soubsdan, en 1466, et cité par

Varanius et Lemaire. L'idée était excellente; c'est, du reste, celle qu'avait eue Quicherat.

Le manuscrit de Saint-Victor a donc servi à ce savant pour son édition du *Journal* et aussi à MM. Charpentier et Cuissard pour le même objet : Or, pour nous rendre compte si le texte de ce manuscrit de Saint-Victor avait été « *reproduit mot à mot et intégralement* » par ce dernier, ainsi qu'ils le déclarent, nous l'avons scrupuleusement vérifié *page par page, mot à mot*, avec celui publié par Quicherat. Le résultat de cette vérification est, disons-le de suite, loin d'être favorable à MM. Charpentier et Cuissard, car les deux textes présentent entre eux des variantes presqu'à chaque page, non seulement pour l'orthographe des noms et des mots, mais aussi pour des omissions qui s'y remarquent fréquemment et donnent, par suite, une signification tout à fait autre que celle qui convient au texte. On arrive donc à se demander qui de Quicherat ou de MM. Charpentier et Cuissard, ont donné un texte exact dudit manuscrit. Si, en la circonstance, on doit s'en rapporter à M. Quicherat, paléographe, professeur à l'Ecole des Chartes, auteur de travaux importants sur le xve siècle, ou à MM. Charpentier et Cuissard, qui ont eu le manuscrit de Saint-Victor en communication, et l'ont fait copier pour leur édition?

Le lecteur, nous n'en doutons pas, aura vite fait son choix entre les deux textes publiés, émanant du même manuscrit.

Nous allons à présent faire connaître le résultat sommaire de notre travail comparatif, qui va justifier amplement ce que nous venons de dire sur cette dernière publication.

Dans l'héliogravure placée au commencement du volume, reproduisant l'écriture de la première page du *Journal du Siège* prise du manuscrit Saint-Victor (Bibliothèque Nationale, fonds français, n° 14665), *il y a une omission de neuf mots* qui rend le sens de la phrase inintelligible : « Ouquel ost et armée estoient avec luy (Salebris) messire Guillaume de la Poule son frère... » Le texte du manuscrit réimprimé par Quicherat, d'une part, et par MM. Charpentier et Cuissard, d'autre part, et celui qui se lit dans Hotot, donne : « Ouquel ost et armée estoient avec luy (Salebris), messire

Guillaume de la Poulle, *conte de Suffort et messire Jehan de la Poulle,* son frère. »

La photographie étant et devant être la reproduction fidèle du texte, *cette omission des neuf mots* dans la phrase figurée ainsi dans l'héliogravure est pour nous incompréhensible. L'explique qui pourra !

Entrons maintenant dans le vif de l'examen de cette édition du *Journal* reproduisant le texte du manuscrit de Saint-Victor, qui a été également publié par Quicherat.

Édition de MM. Charpentier et Cuissard	Édition de M. Quicherat
Page 8, ligne 12 : ...belle croix qui *est* le pont...	...qui est *sur* le pont...
Page 13, ligne 14 : ...fut devisé et désépéré...	...fut *divisé* et *désemparé*...
Page 17, ligne 14 : ...trèves d'une *partie* et d'autre *durées* depuis 9 heures au matin...	...trèves d'une *part* et d'autre *durant*...
Page 21, ligne 10 : ...deux françoys qui *deffirent* deux anglois à faire deux coups de lance...	...qui *deffièrent*...
Page 39, ligne 11 : ...issue... large et le *devant* long et estroit...	...*dedans*...
Page 41, ligne 13 : ...despeça toute l'ordonnance...	...despeça à *toute force* l'ordonnance...
Page 55, ligne 15 : ...gectèrent ceux d'Orléans à grant force...	...gectèrent ceux d'Orléans *pierres* à grant force...
Page 57, ligne 9 : ...si toust qu'il *dit* qu'on s'en estoit aperçu...	...qu'il *veit*...
Page 62, ligne 6 : ...et par *eulx* luy escripvit...	...et par *luy* (hérault) *leur* escripvit...
Page 64, ligne 16 : ...furent les gens de guerre y estans... retraictz...	...furent les gens de guerre *estans en garnison et les citoyens et autres,* y estans retraictz...

Page 66, ligne 21 :

...Cadorat tant parce qu'il estoit fort *blanc*...

...fort *blond*...

Page 95, ligne 7 :

...le roi à Alençon: luy baillast grant nombre de gens d'armes et artillerie, *luy commandant* expressément qu'il usast et feist entièrement par le conseil d'elle...

...luy baillast grant nombre de gens d'armes et artillerie, et *mist en sa compaignie la Pucelle*, luy commandant...

Page 106, ligne 18 :

...connestable vint *avecques* luy...

...vint *devers* luy...

Page 115, ligne 23 :

...qui estoit venu de Paris...

...qui estoit yssu (sorti) de Paris...

Page 116, ligne 23 :

...de là à Crépy-en-Vallois : *Ouquel* lieu il vint loger son ost aux champs assez près de Dammartin-en-Gonelle...

...*duquel* lieu il vint...

Page 126, ligne 26 :

...aucuns seigneurs *ne* voulurent...

...*se* voulurent...

Etc., etc., etc.

Etc., etc., etc.

A la page xxviii de la Préface, on lit que Jeanne connut la défaite de Rouvray-Saint-Denis le dimanche 13 Février; et, quatre jours après, le 17, arriva à Chinon. Il semble bien que l'on considère ici ces dates comme exactes. Cependant pour la première, le *Journal* dit que Jeanne sut par grâce divine le même jour, 12, la défaite de Rouvray; ensuite ce n'est pas le 17, comme le mentionne ledit *Journal*, que Jeanne arriva à Chinon, mais le 6 Mars. Ces dates devaient être connues des éditeurs.

Page 48 : « Et deppuis mesmes (Jeanne a) déclaré au roy en secret, *présent son confesseur et peu de ses secrets conseillers*, ung bien qu'il avoit faict... » En note : « Le confesseur de Jeanne était Jean Pasquerel, religieux augustin de la maison de Tours... » C'est du *confesseur du roi*, maître Gérard Machet, qui fut évêque de Castres, dont veut parler le *Journal*, ainsi que la *Chronique de la Pucelle* qui en reproduit le texte, et non de J. Pasquerel. Une simple lecture suffisait pour ne pas commettre cette méprise.

A ces erreurs et incorrections de texte dont nous ne consignons ici qu'une partie de celles qui existent dans cette édi-

tion, faut-il ajouter qu'à chaque page on lit des mots qui y
sont orthographiés d'une toute autre manière que dans celle
publiée par Quicherat. Ces fautes et erreurs justifient pleinement les critiques faites sur cette publication : elles prouvent
que MM. Charpentier et Cuissard ont, sur ce point, dépassé
et laissé bien loin derrière eux leurs devanciers. Ils auraient
voulu publier une édition plus défectueuse que celle d'Hotot, jugée si sévèrement par eux, qu'en vérité, ils n'auraient
pas si bien réussi ! Ce jugement est sévère, mais d'après ce
qui vient d'être exposé, peut-on dire qu'il n'est pas fondé.

Pour justifier les observations critiques que nous venons
de faire, au sujet des éditions du *Journal du siège*, publiées
en 1885 et 1896, nous nous croyons obligé de consigner ici,
d'abord les fautes typographiques et erreurs de dates, de
faits, etc., commises par Hotot, et dont quelques-unes seulement ont été signalées par l'abbé Dubois, et, après lui, par
M. Cuissard; puis celles du fait de Boynard et de Herluison.

On lit dans Hotot : Saint-Aux, dix vingt et quatre, tandiz,
part, des assiégez, signeur, siegneur, serment, ostant, suivir,
messieurs, chevalier, ploroit, tuerie, avoir, boutez, ouecques,
Pootn, Chambanes, Valperge, Cervais, Marchesvoir, Can-
chon, Chasteaubun, etc.

Au lieu de Saint-Avy, six vingt et quatre, taudiz, parc,
desassiégez, seigneur, sarment (vignes), obstant, suivre,
messire, chancelier, ploiroit, turcie, avoit, bouter, avecques,
Poton, Chabanes, Valpergue, Ternay, Marchesnoir, Cauchon, Chasteaubrun, etc.

A ces fautes et erreurs reproduites dans l'édition de 1606
(sauf celles de tuerie, avoit, boutez, ouecques, Pootn rectifiées), Boynard en a ajouté d'autres : meurs, belle groix,
conter, jeuduy, gand, taistres, incotinent, accompangez,
rindrent, fraiçois, letters, acunes, quad, vaillians, Can-
cho, etc.; — pour murs, belle croix, contre, jeudy, grand,
traistres, incontinent, accompagnez, tindrent, françois,
lettres, aucunes, quand, vaillans, Cauchon, etc.

M. Herluison a reproduit ces erreurs de Boynard et d'Hotot dans ses éditions de 1855, 1867 et dans celle de 1885,
imprimée avec des caractères microscopiques. — Il a même
trouvé le moyen d'en commettre de nouvelles : Auguistins,

fuit, ne fit, dedans, et outre, etc.; pour Augustins, fut, ne se fit, dans, en outre, etc., Chasteaudun pour Chasteaubun ou Chasteaubrun. L'adjectif innumérable (qui ne peut être compté) se lit dans Hotot : immunérable ; dans Boynard : imnunérable, et dans Herluison : immunérable.

Puis : *Anglois* sonnant le beffroi et sortant d'Orléans, pour *François ;* .. Sainctes-Trailles, la Hire et Poton son frère, pour Sainctes-Trailles, Poton son frère et la Hire; — plusieurs seigneurs *et* Anglois, pour seigneurs Anglois ; — François s'approchèrent *d'eux* leurs adversaires, pour s'approchèrent de..., etc., qui se lisent dans Hotot et Boynard, se lisent également dans Herluison, qui y a ajouté : les fauxbourgs estoient très belles choses à veoir *autant* qu'ils fussent abattus, au lieu de : *avant* qui est dans Hotot et Boynard; — Jeanne interrogée à Chinon « pour essaier si en elle se trouveroit *évidente* raison : Herluison y a substitué *cuidente;* — Maistre Jehan à *tous* sa couleuvreine, pour àtout (avec) sa couleuvrine, comme on le lit dansBoynard et Hotot.

Dans l'édition de 1576, Jeanne écrit aux Anglais tenant le siège devant Orléans : « ...S'ils ne veullent obeyr, je les feray issir vueillent ou non. Et s'ils veullent obeyr, à mercy je les prendray. » Boynard a complètement défiguré le sens de la phrase en imprimant : « S'ils veullent obeyr, je les feray issir, vueillent ou non. Et s'ils ne veulent obeyr, à mercy je les prendray. » Il va sans dire qu'en copiste fidèle, Herluison l'a reproduite telle qu'elle est dans Boynard.

Faut-il mentionner les erreurs de dates : viii décembre au lieu de xviii; les transpositions de jours et de faits de la dernière semaine de janvier; mercredi ix février, pour xi, samedi et dimanche vi et vii mai au lieu de vii et viii ; le sacre, dimanche vii juillet pour xvii, etc., etc., qui se lisent dans l'édition d'Hotot et reproduites dans celles publiées par Boynard et Herluison ?

Par ce relevé fait au courant de la lecture, et que nous abrégeons, on voit que Boynard et Herluison ont, sous ce rapport, dépassé de beaucoup Hotot, tout en reproduisant les erreurs commises par lui. Pas la moindre remarque, ni critique; pas une seule rectification n'a été faite par eux au texte erroné de l'édition de 1576. L'un et l'autre l'ont reproduite servilement dans leurs publications du *Journal du Siège*, qui se trouvent être, par les nombreuses fautes et erreurs nouvelles qu'elles contiennent, plus défectueuses que celle d'Hotot.

Quel jugement porter sur une semblable manière de procéder. Nous laissons au lecteur le soin de le faire.

CHAPITRE III

Le texte du Journal imprimé par Hotot n'est pas la reproduction de celui du chancelier, mais du travail de Soubsdan. — De même pour la Chronique de la Pucelle, dont le texte n'est pas en rapport avec celui de la Geste. — Textes comparés. — Conclusion.

Le texte du *Journal du Siège*, tel que le donne l'édition de 1576, n'est pas celui du commencement du xvᵉ siècle. C'est un mélange du langage de la dernière moitié de ce siècle avec celui du premier quart du xvıᵉ. La langue avait progressé pour les mots comme pour la phraséologie dans l'espace de 147 ans (de 1429 à 1576).

Il n'est donc pas plus que le texte de la *Chronique de la Pucelle*, terminée après 1456, en rapport avec celui de la *Geste*. Les notes prises sur le siège par le chancelier, et qui ont constitué le *Mémorial* ou *Journal*, durent être rédigées par lui dans la même forme de langage que celle qu'on lit dans sa *Geste*. Or, si l'on se reporte à cette dernière composition d'où, d'après Vallet de Viriville, a été extraite celle désignée sous le titre de *Chronique de la Pucelle*, on voit, de suite, à la simple lecture, la différence qui existe entre ces deux documents, pour les mots comme pour la forme donnée au récit de chacun d'eux.

Démontrons-le par des exemples :

GESTE DES NOBLES FRANÇOYS	CHRONIQUE DE LA PUCELLE
« *Chapitre* 225. Bataille à Montargis.	« *Chapitre* 23. Bataille à Montargis.
« En cellui an (1427) mistrent siège devant Montargis les contes de Varvic et de Sufforc, et, pour François secourir et avitailler, vindrent à Jargueau le conte de Richemont et autres grans seigneurs qui conseil tindrent; et, finalement, fut chargié de soy là traire le bastard d'Orléans, conte de Porcian et de Mortaing et à	« L'an 1427, les comtes de Warwich et de Sufolc, Anglois, délibérèrent de mettre le siège à Montargis et mandèrent gens de toutes parts en grant nombre, tant Anglois que de leurs alliez, et si firent provision d'artillerie, puis vinrent mettre le siège tant devant la ville comme devant le chasteau... »

7

Jargueau demoura ledit conte de
Richemont. Si se parti à tout
grant gent le bastard d'Orléans
qui sur le siège féri et Anglois
mist en dezconfiture. Dont y ot
grant occision et plusieurs en y
ot prins. Furent arses toutes
leurs tantes et leur charroi et du
siège s'en partirent hastivement
les contes de Varvic et de Suffort. »

(Ces 12 lignes de la *Geste* sont
reproduites en 132 lignes comme
ci-contre dans la *Chronique de
la Pucelle*.)

« *Chapitre 230.* Comment le
conte de Salceberic retourna en
France.

« Thomas de Montagu, chevalier, conte de Salceberic, en l'an
1428, à grant puissance passa la
mer et vint en France. Si vint
premier devant Nogent-le-Roy
dont lui fut l'obéissance baillée
par ceulx de la garnison, qui,
sans aucun assault livrer se rendirent en sa merci; et en briefz
jours par composicion vuidièrent
François les places de Chastcau-
neuf, Rambouillet, de Béthen-
court et Rochefort. »

(Dans les 126 lignes du texte
qui suivent ce début, sont racon-
tées les diverses péripéties de ce
siège, la prière de la Hire, Saulton de Marcadieu, etc. La relation est complète; elle renseigne
suffisamment sur cette affaire.)

« *Chapitre 30.* Comment le
comte de Salceberic retourna en
France.

« En l'an 1428, Thomas de
Montagu, chevalier, conte de Salisbery, fut ordonné, commis et
député par les trois Estats d'Angleterre à venir en France faire
la guerre; laquelle chose venue
à la cognoissance du duc d'Orléans prisonnier en Angleterre,
il pria audit conte qu'il ne
voulust faire aucune guerre en
ses terres, ny à ses subjects,
veu qu'il estoit prisonnier et
qu'il ne pouvoit se deffendre;
et dit-on qu'il luy promit
et octroya sa requeste. Il passa
la mer à grande puissance
et vint en France; *si vint premier devant Nogent-le-Roy, dont
l'obéissance luy fut baillée par
ceux de la garnison qui se rendirent à sa mercy, sans livrer aucun assaut, et François vuidè-
rent en brief par composition,
les places de Chasteauneuf-sur-
Loire* (lisez Châteauneuf-en-Thi-
merais), *Rambouillet, de Bé-
thencourt et Rochefort.* »

On pourrait encore citer d'autres exemples pris des chapitres de la *Geste* : « 231, Prinse du Puisat ; — 232. Reddition
de Thory ; — 233. Prinse d'Yenville ; — 234. Reddition de
Mehun-sur-Loire ; — 235. Pillerie de l'église de Cléry ; »
reproduits dans la *Chronique de la Pucelle* avec les mêmes
titres sous les chapitres 31, 32, 33. — Nous pensons que
ceux fournis sont suffisants pour démontrer combien la

forme donnée au récit de ladite *Chronique*, diffère de celle
du récit de la *Geste*.

Dans le cours de cette étude, on a vu plusieurs fois que,
d'après Quicherat et Vallet de Viriville, la *Chronique de la
Pucelle* est la reproduction de la *Geste*, dont elle fait partie
intégrante. Cela est exact pour les faits, mais, comme nous
venons de le démontrer, il n'en est pas de même dans la
narration de chacun de ces faits. Dans la *Geste*, le siège
de Montargis est raconté on ne peut plus sommairement :
tout juste assez pour être renseigné sur cet événement. Dans
la *Chronique de la Pucelle*, c'est le contraire ; le sujet
y est étudié par Cousinot de Montreuil. Il cherche, par
l'arrangement des mots et des phrases, à intéresser le lecteur; c'est ce qui, du reste, a lieu, grâce à l'auteur et aussi
à la langue, qui avait fait assez de progrès pour permettre à
notre chroniqueur, neveu du chancelier, de présenter un
récit intéressant sur cet épisode historique.

Ce que nous venons de dire de la *Chronique de la Pucelle*,
nous le dirons également du *Journal*, rédigé par le chancelier dans le style de la *Geste*, ou de la première copie qui
en fut faite quelque temps après son départ d'Orléans, en
1439. Les mêmes variations de mots et de phrases durent
se produire pour Soubsdan dans son travail de mise au net,
exécuté en 1466, soit trente-sept ans après les événements.
Ce dernier travail ne se retrouve plus ; il a disparu des
archives municipales de notre ville à une époque non connue, mais déjà très éloignée. Toutefois, par la copie qui en fut
faite six ou sept ans après, en 1472, par Nicaise de Lorme,
alors prieur de Bucy-le-Roi, et depuis abbé de Saint-Victor,
on peut facilement se rendre compte du travail fait par
Soubsdan.

Voici le début de cette *copie* du prieur de Bucy-le-Roi :

« Le conte de Salebris, qui estoit bien *grant* seigneur et
le plus renommé en *faictz* d'armes de tous les *Angloys*, et
qui pour Henry, roy d'Angleterre, dont il estoit parent, et
comme son lieutenant et chef de son armée en ce *royaulme*,
avoit esté présent en plusieurs batailles et diverses rencontres
et conquestes contre les François, où il s'estoit *tousjours*

vaillamment maintenu, *cuydant* prendre par force la cité
d'Orléans, laquelle tenoit le party du roy son souverain seigneur Charles, *septiesme* du nom, la vint assiéger, le *mardi
douziesme* jour d'octobre 1428, àtout *grant* ost et armée,
qu'il feist loger du costé de la Sauloigne, et *prez* de l'ung
des bourgs *que on dict le Porteriau*... »

Ce texte est considéré comme celui même qui fut écrit
par Soubsdan. S'il en est ainsi, il faut reconnaître qu'il ne
reproduisit pas mot à mot le *Mémorial* ou *Journal du Siège*
rédigé par le chancelier. Pour s'en convaincre, il suffira de
rapprocher le texte de la *Geste* de celui du manuscrit de
Saint-Victor, copie de Nicaise de Lorme. Ce dernier texte
s'en éloigne sensiblement par les mots comme par la phraséologie. Autant les mots et les phrases archaïques se remarquent dans la *Geste*, autant ils disparaissent ou se font
peu sentir dans le manuscrit de Saint-Victor. On y lit bien
encore de vieux mots, mais le récit n'a plus la forme ancienne employée par le chancelier. Il est mieux ordonné,
sans trop d'inversion, et reporte le lecteur à une époque où
la langue, commençant à se dégager de son archaïsme, avait
prise une phraséologie à la fois plus alerte, plus claire et
plus régulière dans la rédaction : telle, en un mot, qu'on la
lit dans les poésies de Charles, duc d'Orléans, de Villon et
dans les conteurs du commencement du xvie siècle.

Donc Soubsdan qui, en 1466, avait mis au net le *Journal
du Siège*, composé en 1428-29, par le chancelier, ne l'a pas
reproduit textuellement, mais écrit conformément au langage qui était en usage de son temps.

Arrivons maintenant à S. Hotot. Voici son texte publié
en 1576 :

« Le conte de Salebris, qui estoit bien *grand* seigneur, et
le plus renommé en *faits* d'armes de tous les Anglois, et qui
pour Henry, roy d'Angleterre, dont il estoit parent et comme
son lieutenant et chef de son armée en ce *royaume*, avoit
esté présent en plusieurs batailles et diverses rencontres et
conquestes contre les François, où il s'estoit *tousiours* vaillamment maintenu, *cuidant* prendre par force la cité d'Orléans, laquelle tenoit le party du Roy, son souverain sei-

gneur, Charles, *septième* de ce nom, la vint assiéger, le *mardy douzième* jour d'octobre 1428, àtout *grand* ost et armée, qu'il feist loger du costé de la Sauloigne, et *près* de l'*un* des bourgs *qu'on dit le Portereau...* »

C'est, comme on le voit, la reproduction exacte du manuscrit de Saint-Victor; il n'y a de différence à signaler que pour l'orthographe des mots soulignés dans les deux textes du manuscrit de Saint-Victor et de l'édition de 1576 (1).

L'imprimeur Hotot a donc dit vrai, en déclarant que le vieil exemplaire écrit sur parchemin et trouvé en la maison commune de la ville d'Orléans, avait été reproduit par lui *mot à mot, sans aucun changement de langage.*

La forme archaïque du récit fut respectée; seuls les vieux mots furent imprimés suivant l'orthographe en usage au xvie siècle. Hotot reproduisit scrupuleusement le manuscrit en parchemin de Soubsdan, même avec toutes ses erreurs de noms de personnes, de lieux, de dates et de transpositions de faits. Il n'y a qu'un reproche à lui faire, celui de ne point les avoir signalées et annotées au fur et à mesure qu'elles étaient imprimées par lui.

Fut-ce de sa part une négligence? Ne s'en aperçut-il pas? Ou encore un oubli volontaire comme n'étant pas en mesure de pouvoir faire ces rectifications d'une manière satisfaisante?

Quoi qu'il en soit de la réponse qui pourrait être faite à ce sujet, l'exemple de Hotot fut religieusement suivi par tous ceux qui publièrent le *Journal du Siège* d'après son édition de 1576, y compris Herluison, mais exception faite de MM. Charpentier et Cuissard qui, pour leur publication, s'aidèrent du travail de recherches de l'abbé Dubois.

Nous venons de parler des noms de personnes, de lieux et de mots qui, dans Hotot, se lisent orthographiés tantôt d'une façon, tantôt d'une autre.

(1) Lenglet, en faisant mention du « *Petit Traité en manière de Chronique contenant en brief le siège mis par les Anglais devant la cité d'Orléans, etc.*, en 1428 », manuscrit 417 de la Bibliothèque de l'abbaye Royale de Saint-Victor, dit que cette *Chronique du siège d'Orléans* est différente de celle de Léon Trippault (lisez S. Hotot)). Comme nous venons de le démontrer, cette différence ne repose uniquement que sur l'orthographe des mots qui avait subi des changements dans l'espace de plus d'un siècle (1466-1576).

Ces différences fautives sont-elles de son fait, de Soubs-dan, de l'auteur des notes du siège, ou encore de celui qui fit la première copie de ces mêmes notes après le départ du chancelier, d'Orléans ?

La réponse est qu'elles remontent au chancelier lui-même. Soubsdan, et après lui Hotot, n'ont fait que les reproduire, l'un en les copiant et l'autre en les imprimant. Nous appuierons notre dire de ce qu'on les trouve dans la *Geste des nobles* et dans les chroniqueurs de cette époque :

Geste : Bedfort, Bethfort, Bettefort; — Bourguignons, Bourgoignons, Bourgoingnons; — Escosse, Ecosse; — Salseberie, Saleeberie, Saleebricq; — Suffort, Suffore, etc., etc.

Chronique de la Pucelle : Bedfort, Bethford ; — Gien, Gyen; — Talbot, Tallebot, etc.

Chronique de Charles VII : Blois, Bloys; — Albret, Lebret; — Raims, Rayns; — Alençon, Alenchon, etc.

P. de Cagny : Escales, Scalles; — Rouen, Rouan; — Saint-Denis, Sainct-Denys; — Yenville, Yanville, etc.

Berry-le-Héraut : Alebret, Lebret; — Jargeau, Gergueau; — Yenville, Yinville, etc.

Ces différences orthographiques, soit pour les noms propres de personnes ou de lieux, soit pour les mots de la langue, démontrent suffisamment que nos vieux auteurs, poètes, romanciers et chroniqueurs n'attachaient pas une bien grande importance à l'orthographe plus ou moins régulière de ces mêmes mots et noms; ils les écrivaient les uns et les autres tels qu'ils se présentaient à leur pensée à ce moment, et cela sans aucun souci pour leur exactitude orthographique. Et de ce que dans le *Journal du Siège*, publié par Hotot, ces mêmes mots et noms se lisent orthographiés différemment, il n'y a pas lieu d'en faire un reproche à ce dernier, puisqu'il a eu le soin de déclarer dans le titre de cette publication de 1576, qu'elle était la reproduction exacte, le « *mot à mot sans aucun changement de langage* d'un vieil exemplaire escript à la main en parchemin, trouvé

·en la maison commune d'Orléans », c'est-à-dire du travail
exécuté par Soubsdan, sur l'ordre des procureurs de la ville,
des notes prises par le chancelier au moment du siège.

Nous voici parvenu à la fin de ce travail de recherches sur
l'auteur du *Journal du Siège* de 1428-29. Nous pensons que,
d'après les arguments qui y sont exposés, le lecteur, arrivé
aux dernières pages, en aura conclu avec nous que ce *Journal*, composé par un auteur resté inconnu, doit être attribué à Guillaume Cousinot, chancelier du duché d'Orléans,
qui habitait cette ville au moment du siège. Il prit des notes
journalières sur ce qui s'y passa. Et après en avoir fait usage
pour compléter un autre de ses ouvrages, la *Geste des nobles
Françoys*, pour cette partie du règne de Charles VII, il remit,
avant son départ d'Orléans, en 1439, son manuscrit du siège
aux magistrats municipaux de cette ville, qui le déposèrent
aux archives de la maison commune ; où il fut consulté
par ceux qui voulurent se documenter ou se renseigner sur
les faits de cet événement si important de notre histoire.

Quelque vingt-cinq après, en 1466, les magistrats municipaux firent copier, mettre au net ce manuscrit par un clerc
nommé Pierre Soubsdan; et, en 1576, ce travail fut publié
pour la première fois sans nom d'auteur, par Saturnin
Hotot, imprimeur-libraire, sous le titre de l'*Histoire au
vray*, et depuis désigné sous celui de *Journal du Siège*.

Tel est, en quelques lignes, le résumé de ce travail de
recherches sur le véritable auteur dudit *Journal*, d'après
une étude attentive des documents contemporains.

Dans le cours de cette étude, nous avons eu maintes fois
l'occasion de signaler un très grand nombre d'erreurs commises tant par les écrivains orléanais que par ceux étrangers
à notre ville.

Plusieurs de ces erreurs, d'une certaine importance pour
l'interprétation à donner au texte, sont, sans cesse, reproduites dans les publications orléanaises même les plus récentes; aussi avons-nous cru devoir les signaler et reprendre
ceux qui en étaient les auteurs. N'était-ce pas justice?

Serons-nous, pour ce travail et pour l'édition du *Journal
du Siège*, que nous préparons, à l'abri de toute critique, in-

demne d'erreurs. Nous n'y comptons point, puisqu'il est de la nature humaine de ne rien faire de parfait. Mais tenant compte du travail de nos devanciers, nous avons apporté la plus grande attention pour ne pas, nous aussi, reproduire les erreurs commises par eux. Nous présenterons une édition pour la rédaction de laquelle nous n'avons ménagé ni notre temps, ni les recherches. Le texte imprimé par Hotot a été étudié avec le plus grand soin; nous l'avons annoté et commenté à l'aide des relations contemporaines et des documents que nous avons pu nous procurer.

Ce sera une édition critique de celle de 1576, dont le texte ne diffère de celui du manuscrit de Nicaise de l'Orme que par l'orthographe de certains mots ou de noms, ainsi que nous l'avons établi dans les pages précédentes.

TROISIÈME PARTIE

REVUE CRITIQUE DES CHRONIQUEURS DU XVᵉ SIÈCLE

Berry le Hérault ; — G. Cousinot de Montreuil ; — Jean Chartier ; — Chronique de la fête du 8 mai ; — Mystère du siège d'Orléans.

Dans le cours de cette étude, nous avons dit maintes fois que Quicherat, Vallet de Viriville et autres historiens prétendaient que le *Journal du siège* n'avait été connu que par le travail de copie exécuté par le clerc Soubsdan, en 1466 ; et que pour la rédaction, l'auteur avait emprunté aux Chroniques de Berry et de Chartier sur Charles VII, à celle de la Pucelle par Cousinot de Montreuil, et à plusieurs dépositions de témoins du procès de réhabilitation. Nous avons déjà répondu à ces assertions et démontré combien elles étaient peu fondées.

Pour ne laisser subsister aucun doute, il nous a paru utile de faire connaître ces chroniqueurs et d'analyser leurs œuvres en rapport avec le sujet que nous traitons ; prouver encore une fois, que Cousinot le chancelier est bien l'auteur du *Journal du siège;* qu'il l'écrivit en 1428-29, et, par conséquent, loin d'avoir emprunté à Berry, Chartier, etc., c'est lui qui, au contraire, a été la source d'information où se renseignèrent les contemporains.

CHAPITRE PREMIER

Chronique de Charles VII, par Berry le Hérault

Le premier qui se présente par ordre de date « est Jacques le Bouvier, dit le Hérault Berri (1) ». Il naquit en 1386, à Bourges, d'une famille noble, non de cette province, comme l'a écrit la Thaumassière, mais de l'Ile de France. Dès l'âge de 16 ans, la pensée lui vint de suivre les tournois ou passes d'armes, les fêtes chevaleresques et les grandes assemblées, afin d'y recueillir des renseignements pour en écrire l'histoire. L'ouvrage qu'il composa sous le titre de *Chronique de Charles VII*, commence à l'année 1402 et va jusqu'à celle de 1455. C'est donc l'histoire de la première moitié du xvᵉ siècle. Sa fonction de héraut d'armes de Charles VII, et, plus tard, celle de roi d'armes de la province de Berry, lui facilitèrent les moyens de se documenter amplement pour composer cette *Chronique*. Aussi, disent Quicherat et Vallet, est-elle pleine d'intérêt, quoique succincte, et une des principales sources et des meilleures pour cette période de notre histoire. S'il y a un assez grand nombre d'erreurs surtout en ce qui touche à la chronologie, ce sont, d'après Quicherat, des erreurs d'un homme qui a vu. — Si nous comprenons bien ces derniers mots, Quicherat semblerait dire par là, que ce chroniqueur s'attachait bien plus à la relation des faits qu'à leur exactitude chronologique. Tout à l'heure, on va voir que Berry n'est pas plus exact dans l'un que dans l'autre cas.

Comme chroniqueur de la Pucelle, il est, d'après le même

(1) D'après Quicherat. — Cet historien est, pour le *prénom* et pour l'orthographe du mot *Berri*, en désaccord avec Vallet de Viriville, qui, en 1866, publia l'*Armorial de France*, composé par *Gilles le Bouvier, dit Berry*, premier roi d'armes de Charles VII, « nommé et créé hérault par le roy en 1420, et depuis couronné et créé par iceluy prince en son chastel de Mehun le jour haulte feste de Noël, roy d'armes du pays et marche de Berry ». Dans cet *Armorial*, les Bouvier figurent parmi les nobles de la *marche de France* (Ile de France), avec ces armes : d'or, à trois rencontres de bœufs de gueules, accornées d'azur. » Armes parlantes faisant allusion au nom patronymique de cette famille.

historien, considérable pour les événements qui se sont accomplis entre le sacre et le jour où Jeanne d'Arc fut faite prisonnière à Compiègne. Il donne sur cette période des *renseignements qui ne sont pas ailleurs, sinon dans les chroniqueurs subséquents qui les lui ont emprunté.* Or, parmi ces derniers, Quicherat et Vallet citent *l'auteur du Journal du siège,* Chartier, pour sa *Chronique sur Charles VII,* et Cousinot de Montreuil pour celle de la Pucelle.

Berry, auteur de plusieurs ouvrages, mourut vers 1455-56, âgé d'environ 70 ans. C'est quelques années avant sa mort que sa *Chronique sur Charles VII* fut publiée (1).

En dix pages, recto et verso (40-50), Quicherat donne dans le IVe volume de sa publication sur *Jeanne d'Arc,* ce qui, de cette *Chronique,* est relatif au siège et à l'héroïne.

Jeanne est prise à son pays d'origine, puis départ de Vaucouleurs pour Chinon où était Charles VII; présentée au roi, elle lui fait connaître la mission qu'elle a reçue du Ciel, à savoir chasser les Anglais qui assiègent Orléans et ensuite le conduire à Reims pour y être sacré. — Elle est examinée par les docteurs, et acceptée. Départ pour Orléans de Jeanne en la compagnie du maréchal de Rieux (sic, pour *Raiz*), de l'amiral de Culant, etc.

« L'an 1429, *fut levé le siège d'Orléans, le* xiie *jour de May. Et en ce temps se partit la dicte Pucelle du chastel de Chinon et print congié du roy, et chevaucha par ses journées qu'elle arriva dedans la bonne cité d'Orléans.* »

Par ce début, Berry fait déjà preuve du peu d'ordre qu'il met dans sa relation des faits; il parle de la levée du siège, avant que la Pucelle ne soit partie de Chinon; — de plus, il indique le 12 Mai comme date de la délivrance d'Orléans, tandis que ce fut le 8 Mai.

Jeanne en marche sur Orléans, envoya un héraut aux chefs

(1) Le mot *publier* employé par Quicherat, Vallet, etc., au sujet des Chroniques du xve siècle, est-il bien celui qui doit être mis ici? Il nous paraît que *connu* ou *répandu* serait plus à propos. Publier signifie faire imprimer un ouvrage, et, à l'époque qui nous occupe, faire transcrire un manuscrit et en répandre partout un plus ou moins grand nombre de copies, d'où publier, rendre public.
Comme complément à cette note, nous renvoyons à ce que nous avons dit page 26.

anglais qui assiégeaient cette ville, pour les sommer d'avoir à quitter le dit siège et de s'en retourner en leur pays. Ceux-ci retinrent le héraut « et jugèrent qu'il seroit ars et firent faire l'atache (poteau) pour le ardoir (brûler). Et toutes voies, avant qu'ilz eussent l'oppinion et conseil de l'Université de Paris et de ceulx tenus de ce faire, ilz furent levés, mors et desconfiz et partirent si hastivement qu'ilz laissèrent ledit hérault en leurs logiz, tout enferré et s'enfouyrent. »

C'est encore de la part de Berry aller contre la chronologie, et précipiter par trop les événements. Ensuite, il est le seul disant que le héraut retenu prisonnier par les Anglais pour être brûlé, *fut trouvé le 8 Mai, enferré en une des bastilles ennemies.* Il a sur ce point, contre lui, les témoignages du *Journal du siège* et de la *Chronique de la Pucelle,* bien mieux informés.

Dans le *Journal :* Le 28 Avril, Jeanne et les capitaines apprirent que le héraut parti de Blois pour l'ost des Anglais, y était retenu prisonnier. Le 30, au soir, la Pucelle et le bâtard d'Orléans envoyèrent deux hérauts aux chefs anglais pour demander le retour de celui qu'ils retenaient ainsi contre le droit des gens; de plus le bâtard leur fit dire « que s'ils ne le remettoient pas en liberté, il feroit mourir de male mort tous les Anglois qui estoient prisonniers dedans Orléans, et ceux aussy qui, par aucuns seigneurs d'Angleterre, y avoient esté envoyez pour traiter de la rançon des autres. *Pourquoy les chefs de l'ost renvoyèrent tous les héraulx et messagers de la Pucelle.* »

Chronique de la Pucelle: « Tantost elle sceut que les chefs du siège... avoient faict prendre les héraults et les vouloient faire ardoir. Laquelle prinse venue à la cognoissance du bastard d'Orléans, il manda aux Anglois, par son hérault, qu'ils luy renvoyassent les dicts héraults, en leur faisant scavoir que s'ils les faisoient mourir, il feroit mourir de pareille mort leurs hérauts, qui estoient venus à Orléans pour faict de prisonniers: lesquels il fist arrester; et feroit le mesme de tous les prisonniers anglois, qui y estoient lors en bien grand nombre. *Et tantost après,* les dicts héraults furent rendus. »

Faisons remarquer de suite l'uniformité qui règne dans ces deux derniers récits. Elle s'explique facilement, c'est l'information prise au moment même par Cousinot le chancelier, consignée d'abord dans ses notes du siège ou *Journal*, puis transcrite par lui dans sa *Geste des nobles*, d'où Cousinot de Montreuil a, plus tard, extrait la *Chronique* dite *de la Pucelle*.

Au texte de la *Geste* qu'il vient de reproduire dans sa *Chronique*, Cousinot de Montreuil ajoute : « Toutefois, aucuns dient que quand la Pucelle sceut qu'on avait retenu les hérauts, elle et le bastard d'Orléans, envoyèrent dirent aux Anglois qu'ils renvoyassent les hérauts; *ils en renvoyèrent seulement un.* » (Déposition de Jacques Lesbahy, procès 1456); mais Jeanne fit retourner son hérault à l'ost des Anglois, et cette fois, il ramena son compagnon. » (1)

On voit, par cet exposé, à quelles explications donne lieu un texte erroné. Il est évident que le dire de Berry ne peut subsister devant celui de l'auteur du *Journal*, témoin oculaire et prenant note des faits à mesure qu'ils se passaient. — D'autre part, il est difficile de croire que le bâtard d'Orléans, qui se montra si ferme en cette circonstance, et en même temps si menaçant, aurait souffert que les Anglais ne rendissent point la liberté aux dits hérauts, sans en excepter un seul. — C'est, cependant, le récit de Berry qui, en l'occurrence, a été suivi par Lebrun de Charmettes, H. Martin,

---

(1) Jacques Lesbahy, bourgeois d'Orléans, fut entendu comme témoin au procès de revision; il était alors âgé de 5o ans. C'est avec sa déposition faite vingt-sept ans après les événements que Cousinot de Montreuil a cru devoir compléter le récit du *Journal du Siège* écrit au moment même des faits. On se demande quelle confiance peut être accordée à une telle source d'information, venue si tardivement et qui, le plus souvent, ne repose que sur de vagues souvenirs.

C'est encore ce J. Lesbahy qui a déclaré qu'à son entrée à Orléans, par la porte Bourgogne, le vendredi 29 Avril, à 8 heures du soir, Jeanne se serait détachée du nombreux cortège d'hommes d'armes et d'habitants, pour se rendre à Sainte-Croix y prier Dieu. Rien de semblable ne se lit dans le *Journal*, dans les *Chroniques de Charles VII et du 8 mai* et le *Mystère*. La *Chronique de la Pucelle*, qui vient de faire usage sur un point de cette déposition, est muette sur cette autre partie de ladite déposition. Bien mieux, elle l'infirme en disant que Jeanne entra dans la ville par la porte Bourgogne et fut logée en l'hôtel de J. Boucher, « et est vray que depuis le matin jusques au soir, elle avoit chevauché toute armée sans descendre boire n'y manger ».

La déposition de Dunois est dans ce sens.

Wallon et, en dernier lieu, par A. France, dans leurs histoires de Jeanne d'Arc.

Poursuivons notre examen.

« Jeanne visita les bastilles... Et lendemain (sans indication de quantième), se partit ladicte Pucelle d'Orléans et vint à Blois pour avoir gens et vivres... » Cette erreur de Berry a été signalée et rectifiée par Quicherat en ces termes : « Elle sortit au devant du convoi à son arrivée, mais n'alla pas le chercher à Blois. » Jeanne, d'après le *Journal*, alla, le mercredi 4 Mai, avec Villars, Illiers, la Hire, etc., au devant du convoi qui était parti de Blois, rive droite de la Loire, et l'atteignit à une lieue d'Orléans.

Le même jour, après midi, le *Journal* fait mention que Jeanne et les Français assaillirent et prirent la bastille Saint-Loup. « Et ce soir, dit Berry, passèrent les François en bateaulx la rivière de Loire et allèrent assaillir les bastilles du costé de la *Beausse*, et celle des Augustins devant la porte du pont, et les prindrent. Et ce soir se retrahirent les dits François en la ditte ville et la ditte Pucelle avec eulx (1), et une partie des gens d'armes demeurèrent aux champs toute la nuyt. »

Il y a confusion dans le récit de Berry; Saint-Loup fut pris le 4 Mai, Saint-Jean-le-Blanc et les Augustins le 6. En disant que les Français *passèrent la Loire* pour assaillir les bastilles du *costé de la Beausse*, Berry a prouvé suffisamment qu'il ignorait tout à fait la topographie d'Orléans; de plus, il commet une grave erreur en écrivant que le soir du même jour, 4 Mai, les Français prirent les bastilles édifiées par les Anglais autour d'Orléans, rive droite du fleuve. Les bastilles ou boulevards de Saint-Laurent, la Croix Boissée, du Colombier, de Saint-Pouair, de Saint-Loup, de ce côté de la ville, res-

---

(1) Les chroniqueurs contemporains sont partagés sur ce point. Le *Journal du Siège* est muet. La *Chronique de la Pucelle* et celles du 8 Mai et de Berry, ainsi que plusieurs dépositions de témoins du procès de 1456, disent que Jeanne *retourna* à Orléans. C'est l'opinion généralement adoptée. Cependant Quicherat, sans doute *d'après* Chartier, de Cagny, etc., rectifie Berry en écrivant, page 43, en note : « Erreur, *Jeanne resta cette nuit aux champs* »; mais dans son « Histoire du Siège d'Orléans », se contredisant, il écrit que *Jeanne retourna à Orléans*, avec les hommes d'armes.

tèrent, à l'exception de cette dernière bastille, au pouvoir des
assiégeants jusqu'au 8 Mai, jour où ils levèrent le siège.

« Et lendemain, au matin, qui estoit jour de samedi, les-
ditz François passèrent de rechief ladicte rivière pour assaillir
la bastille du pont; l'assault, dit Berry, (qui donne ici les
mêmes noms des capitaines et chevaliers que ceux dénom-
més dans le *Journal*, mais citant encore *Rieux* pour Raiz),
dura depuis le midi jusques au soleil couchant, et tant que
par force d'armes la dicte bastille fut prinse. Et y moururent
les seigneurs de Pougnis et de Moulins et un cappitaine
nommé Classidas, Anglois, lequel estoit cappitaine d'icelle
bastille; et en se cuidant retraire dedans la tour du boulevart,
le pont fondit, et luy et tous ceulx qui estoient sur ledit pont,
fondirent en la rivière de Loire; et là dedans furent que mors,
que prins, que noiés, de IV à Ve Anglois. »

Dans le *Journal* : « les Anglois perdirent toute force de
pouvoir résister ; et *s'en cuydèrent entrer du boulevart
dedans les Tournelles*, combien que peu d'eux se peurent
sauver. Car 4 ou 500 combattans qu'ils estoient furent tous
tuez ou noyez, excepté aucun peu qu'on retint prisonnier...
Glacidas, le seigneur de Molins, le seigneur de Pommier, le
bailli de Mente, etc., furent noyez : *parce qu'en eux cuidans
sauver, le pont fondit soubz eux...* »

Chronique de la Pucelle : « A ceste heure Glacidas et autres
seigneurs anglois *se cuidèrent* retraire du boulevard ès
Tournelles pour saulver leurs vies, *mais le pont levis rompit
soubz eux*, par le jugement de Dieu, et noyèrent en la rivière
de Loire. »

L'analogie qui se remarque dans ces trois récits, démontre
que l'un a emprunté à l'autre, ou tout au moins pris leurs
renseignements à une source commune : ici le *Journal* qui
a servi à la *Geste*, dont la *Chronique de la Pucelle* reproduit
le texte. Cela vient encore à l'appui de notre thèse, que le
chancelier est bien l'auteur du *Journal du siège*.

Berry continue à dire : « Et le lendemain, au matin, qui
fut dimanche, se levèrent les Anglois de devant Orléans et
s'en allèrent à Mehun-sur-Loire, la plus part à pié, et laissèrent leurs bastilles, vivres et artillerie. Dont ceulx de la-

dite ville d'Orléans furent moult reffaiz et eurent assés grant confort des vivres qu'ilz trouvèrent ès dittes bastilles. »

Chronique de la Pucelle : Dès que les Anglais curent levé le siège, « issit la commune d'Orléans qui entrèrent ès bastilles, où ils trouvèrent largement vivres et autres liens... » Le *Journal* ne donne pas ce renseignement produit par Cousinot de Montreuil d'après la *Geste*, et qu'on retrouve dans la *Chronique du 8 Mai*.

Quel est celui qui a prêté à l'autre? — Est-ce Berry qui termina sa *Chronique* vers 1456, ou l'auteur du *Journal* et de la *Geste*, qui écrivit au moment même du siège? — Poser la question, n'est-ce pas, de par les dates, indiquer le *Journal* ou la *Geste* comme source première?

Berry ne parle pas du bourg de Bar, dont tous les autres chroniqueurs ont fait mention d'après le *Journal*. — Il fait à tort figurer au siège de Jargeau, le connétable de Richemont, qui, alors, était dans le Maine, et ne rejoignit l'armée royale que devant Beaugency.

Il dit qu'à Jargeau, après la prise de cette ville, ou quatre à cinq cents Anglais furent tués ou faits prisonniers, « Suffort se rendit à ung escuier d'Auvergne, nommé Guillaume Regnault, lequel conte fist chevallier le dict Guillaume Regnault, affin que l'on dist qu'il estoit prins d'ung chevallier. » — Ce qui se lit également dans les *Chroniques de la Pucelle, de Charles VII*, le *Mystère*, etc., tous terminés vers 1456, 1458 ou 1460. Et aussi dans le *Journal* écrit en 1429. Inutile de rechercher celui qui, ici, a encore la priorité sur les autres. Berry ne fait pas mention du gentilhomme d'Anjou tué à la place que venait de quitter le duc d'Alençon.

Berry est le seul, pensons-nous, qui raconte que pendant le séjour de Charles VII, à Compiègne, J. de Luxembourg s'y rendit pour parler de la paix à faire entre le roi et le duc de Bourgogne, « dont il ne fist riens, si non le decevoir ».

Pour en finir avec ce chroniqueur, nous citerons de lui ce dernier passage :

« ...Le roy se partist de Saint-Denis pour venir en Berry. Et vint à Laigny qui estoit à luy reduict, et de là s'en ala à Provins et à Bray qui se réduisist à luy. Et passa la rivière d'Yonne à gué luy et son ost près de Sens, et vint à Courte-

nay et à Chasteau Regnart, et de là à Gien, cuidant avoir accord avec le duc de Bourgongne, lequel duc luy avoit mandé
qu'il luy feroit avoir Paris, par le sire de Charny qui en avoit
apporté les nouvelles, et qu'il viendroit à Paris pour parler
à ceulx qui tenoient son party. Et pour ceste cause le roy lui
envoya son sauf conduit pour venir à Paris; mais quant il
fut à Paris, le duc de Bethefort et luy firent leurs alliances
plus fort que devant n'avoient fait à l'encontre du roy. Et
s'en retourna le dit duc à tout (avec) son sauf conduit par les
pays de l'obéissance du roy en ses pays de Picardie et de
Flandres. »

Dans le *Journal* : Le roi voyant qu'il ne pourrait se
rendre maître de Paris, décida de quitter l'Ile de France,
mais avant de partir, il fit le duc de Bourbon, son lieutenant
général pour les villes, cités et places qui lui estoient sou-
mises deça la Loire (1); et, à cet effet, mit sous ses ordres une
grande force de gens d'armes et d'artillerie. « Et outre ceste
ordonnance voult et commanda que le comte de Vendosme
et l'admiral de Culan se tinssent à Saint-Denis, ausquels il
bailla aussi plusieurs gens d'armes, afin qu'ils peussent tenir
garnison. Et ce fait se partit le 12e jour de septembre et s'en
alla à Laigny-sur-Marne dont il se partit le lendemain. Et
y ordonna capitaine messire Ambroys de Loré auquel il
bailla messire Jean Foucault, avecques plusieurs gens de
guerre, et tira d'illec le lendemain à Provins, et delà à Bray-
sur-Seine, que les habitans réduirent en son obéissance. Et
puis s'en alla passer pardevant Sens, qui ne luy feist aucune ouverture, mais lui convint passer à gué un peu au des-
soubs de la rivière d'Yonne et tirer à Contrenay (*sic*) dont il
alla à Chasteau Regnart et à Montargis, et au derrain à Gien
où il *attendit aucuns jours* cuidant avoir accord avec le duc
de Bourgongne, qui luy avoit mandé par le seigneur de
Charny, qu'il luy feroit avoir Paris et qu'il y viendroit en
personne. Et à celle occasion luy avoit le roi envoyé sauf conduit, à fin qu'il peust passer sans contredict par les places
et passages à luy obéissans, et ainsy fist-il. Combien que luy

(1) Le roi était à Saint-Denis. Les mots *deça la Loire* veulent désigner les villes, cités et châteaux qui s'étaient soumis dans les pays
entre la Seine, la Marne et la *Loire*.

arrivé à Paris, il ne tint riens de ce qu'il avoit promis : ainçoys feist alliance avec le duc de Bethefort à l'encontre du roy, de trop plus fort que devant. Et ce non obstant par vertu du sauf conduit passa seurement et franchement par tous les pays, villes et passages de l'obéissance du roy, et s'en retourna en ses pays de Picardie et de Flandres. »

Dans son édition du *Journal du siège*, Quicherat dit, vol. IV, p. 201, en note, après le mot *personne*, que nous mettons en italique : « Cf. le récit du hérault Berry, ci-dessus page 48 », pour informer, sans doute, le lecteur, que ce long passage du *Journal* a été emprunté à ce chroniqueur, donnant pour raison que le *Journal du Siège* n'a été connu que par le travail de Soubsdan, en 1466. Or, ce dernier venant, par la date, après Berry, il en conclut que c'est celui-ci qui a fourni les passages qui sont identiques dans les deux ouvrages. L'argument lui paraît irréfutable.

Nous pourrions opposer à Quicherat la *copie du Journal qu'il reconnaît avoir été faite bien avant celle de Soubsdan;* mais nous avons d'autres raisons et des meilleures à faire valoir. Et d'abord, on doit remarquer qu'entre le récit de Berry et celui du *Journal*, quoiqu'identiques pour le fond et même plusieurs fois pour la phraséologie, il y a des différences notables à signaler. Dans Berry, le récit est bref, sans préambule aucun; le roi part de Saint-Denis pour aller dans le Berry, passe à Lagny, à Provins, à Bray, l'Yonne à Gué, près Sens, à Courtenay, à Châteaurenard et à Gien.

Le *Journal*, au contraire, fait connaître les motifs pour lesquels le roi veut partir; mais, avant, il prend toutes les mesures nécessaires pour assurer la conservation de ses conquêtes; il part de Saint-Denis le 12 septembre, se rend à Lagny, qu'il quitte le lendemain, après y avoir installé Ambroise de Loré comme capitaine, et auquel il adjoint Jean Foucault et gens de guerre, lendemain à Provins, puis à Bray, qui se soumet à lui; arrive devant Sens, qui reste hostile; un peu au-dessous, passe à gué l'Yonne, à Courtenay, à Châteaurenard, Montargis et au derrain à Gien.

Tous ces détails donnés par l'auteur du *Journal* et qu'on ne trouve point dans Berry, démontrent suffisamment que ce dernier est l'emprunteur : il a extrait le moins du plus

que lui offrait le récit du *Journal*, ce que n'aurait pu faire
l'auteur de ce dernier ouvrage s'il avait, comme le prétendent Quicherat et Vallet, puisé dans Berry qui ne présente qu'un récit très sommaire.

Et puis, pourquoi vouloir quand même attribuer à ce
dernier une priorité de texte sur ceux des autres chroniqueurs, lorsqu'on sait que son histoire de Charles VII ne
fut publiée que vers 1456. C'est, cependant, ce qu'écrit Quicherat. Pour lui, le *Journal du Siège* proprement dit est
d'un contemporain qui prenait note des faits au jour le
jour, mais « toute la partie du livre qui concerne le voyage
de Charles VII à Reims est faite avec les deux récits de
Berry et de J. Chartier combinés ensemble ».

Or, la *Chronique* de J. Chartier ne fut publiée qu'après
la mort de Charles VII, arrivée en 1461. Cet historien fait
encore remarquer que, dans le *Journal*, le bâtard d'Orléans
y étant qualifié de comte de Dunois, ce qui n'eut lieu qu'en
1439, la composition n'en aurait été faite qu'après cette
date.

Nous avons déjà répondu à ces objections page 21
(note), et on peut voir, d'après l'examen que nous venons
de faire de la *Chronique* de Berry, que l'argumentation de
Quicherat n'est pas soutenable. C'est Berry, qui, venant
longtemps après les événements, par la publication, a emprunté au *Journal* rédigé en 1429.

On sait que Cousinot le chancelier, habitant Orléans depuis longtemps, prit une part active aux affaires du siège
et qu'il quitta cette ville en 1439. Il ne dut pas se borner
simplement aux notes prises par lui à ces moments critiques pour servir à sa *Geste*, mais continuer ce travail et y
mentionner ce qui allait se passer en dehors de la cité. C'est
ce qu'il fit, ainsi que le témoigne le *Journal*. Sa situation
de chancelier du duché lui facilita les moyens de se documenter amplement sur les faits de la campagne de la Loire,
le voyage de Reims et la marche de l'armée royale à travers
l'Ile de France.

Les chefs de guerre, les capitaines, le bâtard d'Orléans, le
duc d'Alençon, etc., qui assistèrent au sacre et prirent une
part active aux événements, durent lui fournir tous les ren-

seignements désirables, n'omettant pas même ceux n'ayant
qu'une importance relative : le gentilhomme d'Anjou tué
à Jargeau; Suffolk et G. Regnault; frère Richard à Troyes,
et bien d'autres petits faits prouvant que la matière ne fit
pas défaut au chancelier. Aussi sa relation, quoique non officielle, comme celles de Berry et de Chartier, est plus docu-
mentée et présente un plus grand intérêt. Son travail manuscrit ainsi complété et sur lequel, entre temps, il avait
mis des notes marginales (duc de Bourbon, comte de Dunois, etc.), fondues plus tard dans le texte par un premier
copiste), fut, au moment où il quitta Orléans, remis par lui
aux officiers municipaux de cette ville qui le déposèrent aux
archives de la *maison commune*. C'est là qu'à la disposition
de tous, le travail du chancelier sur le siège, fut lu et consulté par Cousinot de Montreuil, J. Chartier, les auteurs du
Mystère du Siège et de la *Chronique du 8 Mai*, etc., qui y
firent maints emprunts pour leurs compositions parues
après 1456.

Nous arrêterons là notre examen sur Berry, car nous pensons avoir suffisamment prouvé que ce dernier, d'après la
date de la publicité de sa *Chronique* a, sinon en personne,
du moins par un tiers, pris connaissance du manuscrit sur
le siège, et qu'il en a usé pour son travail. C'est ce qui
explique les récits semblables qui se lisent dans les deux
ouvrages et la mention de petits faits qui ne se trouvent et
ne peuvent se trouver que dans ledit *Journal*, composé au
moment même, par une personne étant sur les lieux ou
renseignée de première main.

CHAPITRE II

Chronique de la Pucelle, par Cousinot de Montreuil

Bien que nous ayons dans cette Étude parlé plusieurs fois de Guillaume Cousinot de Montreuil et de sa *Chronique* sur la Pucelle (p. 38 et suivantes), nous croyons devoir y revenir pour examiner plus longuement son œuvre qui, à notre avis, ne justifie pas entièrement la valeur que Vallet a voulu lui attribuer.

Pour Dubois, l'auteur de cette *Chronique* n'a pas demeuré à Orléans; les inexactitudes commises par lui le prouvent suffisamment. « *Il est certain*, dit-il, *que cet auteur a écrit en 1429 et qu'il mourut fin septembre de la même année.* »

D'après cet historien, qui commet erreurs sur erreurs, le récit du *Journal*, depuis le 15 août jusqu'à fin septembre, aurait été pris de la *Chronique de la Pucelle*. Pour Quicherat : « Il s'en faut que cette *Chronique* ait le caractère d'originalité qu'on lui attribue. Une partie de ce qu'elle contient sur la Pucelle n'est que la copie légèrement modifiée, soit de J. Chartier, soit du *Journal du Siège* paraphrasant Chartier. De sorte que ces seuls emprunts en reculent la composition *au delà de* 1467. Parties des récits sont faites d'abord avec des passages importants des dépositions de Dunois, du duc d'Alençon, de frère Seguin, etc., témoins au procès de réhabilitation de 1456 — puis avec des renseignements appartenant en propre à l'auteur qu'il a dû recueillir de témoins ou acteurs des événements de 1429.

« Indépendamment des sources signalées, le fond même de cette *Chronique*, composition hybride ou hétérogène, ce qui en forme le canevas jusqu'au voyage de Reims, *est pris presque mot pour mot dans la* Geste des Nobles François. *L'auteur a copié cet ouvrage tout entier et cela avec une telle fidélité qu'il y a cousu, mais non fondu, les versions différentes des mêmes faits puisés par lui à d'autres sources.* De là les récits *doubles* qu'on remarque, dit Quicherat, à propos de l'arrivée de Jeanne à Orléans, du siège de Jargeau, etc. A partir de la reddition de Troyes, le récit de la *Chronique de la Pucelle* n'est plus que la copie du *Journal du Siège* », qui lui-même, ajouterons-nous, a servi à la *Geste*, d'où a été extraite ladite *Chronique*.

Vallet de Viriville est, le premier, qui l'a attribuée à Cousinot de Montreuil, neveu du chancelier d'Orléans. Elle est, on n'en peut douter, dit-il, un fragment de la *Geste des Nobles;* elle en reproduit littéralement des passages entiers relatifs à la Pucelle. Ici, Vallet donne comme exemple la description de la bataille de la Gravelle qui, dans la *Geste*, est très abrégée, et dans la *Chronique*, au contraire, est étendue. (Voy. p. 49, d'autres exemples produits par nous.)

Certaines parties de la *Chronique* ont, d'après cet historien, été écrites avant 1437, et d'autres après 1446; mais l'auteur aurait commencé à réunir des renseignements, à prendre des notes vers 1425 ou 1430; et, après 1439, revisé son travail qui, pour une cause inconnue, s'arrête en septembre 1429, au moment où Charles VII quitte l'Ile de France et se retire au delà de la Loire.

Vallet signale l'analogie des faits qui se remarque dans cette *Chronique*, dans la *Geste*, le *Journal du Siège*, Jean Chartier et avec plusieurs des dépositions de témoins de 1456. Pour lui, le *Journal du Siège* a emprunté à la *Chronique de la Pucelle*, il donne comme argument que le texte manuscrit le plus ancien du *Journal* qui nous est resté, a été exécuté de 1488 à 1516 par les soins de l'abbé de Saint-Victor, sur un autre texte manuscrit datant de 1466. C'est ce que dit également Quicherat, ainsi qu'on vient de le voir dans Berry. Nous y avons répondu pages 24 et 43.

« Parmi les faits communs ou analogues existant dans le *Journal* et la *Chronique de la Pucelle*, la plupart, dit Vallet, font partie de la *Geste*. Dans le *Journal*, ils sont identiques, tantôt plus succincts ou plus étendus que dans la *Chronique*. Et celle-ci est quelquefois réduite dans le *Journal*. « De plus, l'auteur de la *Chronique* n'a pas emprunté aux témoins de 1456. C'est lui, c'est son ouvrage, au contraire, qui a servi auxdits témoins s'y étant reportés pour rafraîchir leur mémoire sur les événements de 1429. Il a fourni au *Journal du Siège* et aussi à J. Chartier, dont le récit est

·en grande partie celui de la *Chronique de la Pucelle* et de la *Geste.* »

Enfin, pour Vallet, ladite *Chronique* est, quant au siège de 1429 et surtout pour Jeanne d'Arc, l'œuvre par excellence. Elle y occupe une place plus étendue que dans n'importe quelle autre *Chronique* de ce temps, et c'est elle, la source où ont puisé tous ceux qui ont écrit sur ce sujet. Et, en biographe prévenu, il présente Cousinot de Montreuil comme un des meilleurs écrivains de son temps, ayant composé la *Chronique de la Pucelle* avec méthode et sur un plan intelligemment conçu et exécuté.

On a vu plus haut que Quicherat, venant par la date avant Vallet, a nié à cette *Chronique* le caractère d'originalité qu'on lui attribue, c'est-à-dire son importance et sa valeur en ce qui concerne le siège et la Pucelle, puis il a signalé les erreurs qui y sont contenues. — Nous sommes tout à fait de l'avis de Quicherat. La renommée dont jouit la *Chronique*, dite *de la Pucelle*, a été surfaite ; son auteur, Cousinot de Montreuil, écrivain crédule, a prouvé suffisamment qu'il manquait de méthode; il ne justifie point les louanges que Vallet et autres historiens ont fait de sa *Chronique* en la qualifiant d'*œuvre par excellence, incomparable, précieux récits,* etc... Donnons-en la preuve.

Chap. 23. Rescousse de Montargis, 1427. — Le bâtard d'Orléans est ici qualifié de *comte de Dunois* par Cousinot de Montreuil, et simplement *bâtard d'Orléans* au moment du siège d'Orléans et de la campagne de l'Ile de France.

Chap. 26. Affaires de Bourges, 1427. — Le comte de Clermont est dénommé *duc de Bourbon*, et chap. 40 : bataille de Rouvray-Saint-Denis, 12 Février 1429 (n. s.), Charles, comte de Clermont, *fils aîné du duc de Bourbon.*

Chap. 31. Marche de Salisbury au Pays Chartrain : Il prit Nogent-le-Roi, Châteauneuf-*sur-Loire*, etc. ; c'est Châteauneuf-en-*Thimerais* qu'il faut lire.

Même chapitre, Salisbury s'empara de Yanville et y fit prisonnier Prégent de Coëtivy, *qui fut depuis admiral de France. Ce qui n'eut lieu qu'après 1439.*

Chap. 37. Dimanche 24 Octobre, Prise des Tournelles (1) par les Anglais, le *lendemain 25, le bâtard d'Orléans* et autres capitaines *entrèrent à Orléans.*

Chap. 38. Après la venue du bâtard d'Orléans et de la chevalerie *advint un jour,* que Salisbury vint aux Tournelles et en regardant la ville fut blessé à la tête; conduit à Meung, il y *mourut* au mois de *Novembre.* D'après le *Journal, c'est le jour même de la prise des Tournelles, le 24 Octobre, au soir, que Salisbury fut blessé à la tête...; transporté à Meung, il y mourut le 27 Octobre, et non au mois de Novembre.*

Chap. 41. — Les Orléanais désespérés après la défaite de Rouvray-Saint-Denis, envoyèrent des messagers aux *ducs de Bourgogne et de Luxembourg,* à l'effet d'obtenir de Bedford, par leur intermédiaire, l'abstinence de guerre pour leur cité. Jean de Luxembourg n'était pas *duc de Luxembourg,* mais issu d'une branche cadette de cette illustre maison. En lui attribuant ce titre de *duc de Luxembourg,* c'était le faire alors feudataire direct de l'Empire, l'égal, féodalement parlant, du duc de Bourgogne, relevant aussi de l'Empire. Jean de Luxembourg était sire de Beaurevoir, en Picardie, de Ligny-en-Barrois, etc., et, comme tel, vassal du duc de Bourgogne. On ne comprend pas qu'une semblable erreur ait pu

(1) Dans cette *Chronique* ainsi que dans le *Journal* et dans les comptes de ville de l'époque, on lit : *Tournelles.* — *Tourelles, thorelles, torelle* dans la *Chronique du 8 Mai,* note de G. Girault, le *Mystère* et dans lesdits comptes de ville. *Tour* dans la *Geste* et dans l'ordonnance rendue par Charles VII, le 14 mai 1436. relative à un péage établi sur la Loire, pour le produit être employé à la reconstruction du pont et des tours.

Au moyen âge, les mots torelles, tourelles, tornelles, tournelles, pour petites tours, étaient employés indifféremment par les historiens et les poètes du Nord comme du Midi. Dans la *Chanson des Aliscans,* XIe siècle : *Sor la tornelle s'est ales apoier.* Dans le *Roman de la Rose,* XIIIe siècle : *El chancelers lors et tornelles.* Dans Rigord : Tournelle, tornelle. *turricula.* Sous Philippe IV : *domus turrales,* tournelle ou tornelle, diminutif de tour. Ces citations peuvent suffire pour ce que nous disons ici et page 68.

Nous ne parlerons pas de Lebrun de Charmettes. qui veut que l'étymologie de tournelle vienne de ce qu'on pouvait tourner autour !

Dans la *Chronique de la Pucelle,* dans la *Geste* et dans l'ordonnance de Charles VII ci-dessus citée, on lit *bastide,* et *bastille* dans le *Journal, Chronique du 8 Mai,* Girault. Chartier. Monstrelet, Saint-Remy, etc. Le mot *bastide,* plutôt méridional. n'en était pas moins employé dans le Nord, pour bastille, avec la même signification.

être commise par un chroniqueur du xve siècle. Elle a, cependant, été reproduite par l'abbé Dubois, Wallon, etc.

Chap. 42 et 43. Cousinot de Montreuil se répète dans ces deux chapitres pour Jeanne d'Arc. Il mêle ses renseignements particuliers avec ceux que lui a fournis la *Geste*. Puis à celui 43, il dit que la Pucelle, Sainte-Sévère, Rais, Gaucourt, etc., au départ de Blois, prirent leur chemin par la Sologne, et *ainsi fust menée à Orléans, le pénultiesme jour d'Avril 1429*.

Chap. 44. La Pucelle séjournant à Blois, fit porter par un messager une lettre aux Anglais qui assiégeaient Orléans; il fut conclu par les capitaines qu'on irait à Orléans par la Sologne. *Ils couchèrent une nuit dehors*, et arrivèrent devant la ville assiégée, au-dessus de Saint-Jean-le-Blanc. Puis le soir, la Pucelle entra dans cette ville et fut logée chez le trésorier Jacques Boucher. — « Et *ainsy vint la dicte Pucelle en la ville d'Orléans, le pénultiesme jour d'Avril 1429* ». Répétition de phrase signalée par Quicherat. Comment Jeanne partant de Blois, le *29 Avril*, passant une nuit aux champs, pouvait-elle arriver ce même jour, 29, devant Orléans et y faire son entrée le soir ? — Quel désordre dans la rédaction !

Le *Journal* indique le vendredi 29 Avril comme date de cette entrée de Jeanne à Orléans; aucune mention n'est faite par lui de celle du départ de Blois. Mais en disant: « ils vinrent jusques à un village nommé Chécy, là où ils geürent la nuit ensuivant », il indique le 27 comme date du départ de Blois, en cela, il est d'accord avec frère Pasquerel qui a déclaré au procès de réhabilitation qu'on *coucha deux nuits en route;* mais il a contre lui le texte d'Eberhard de Windecken et ceux des *Chroniques de Charles VII et de la Pucelle*, qui précisent le 28 Avril comme départ, une nuit passée aux champs, et le 29, comme jour d'arrivée à Orléans (1).

(1) Il en est pour le départ de Jeanne d'Arc de Blois pour Orléans, comme de celui de Vaucouleurs pour Chinon. Par suite des récits contradictoires, ces deux points (et combien d'autres encore !) sont loin d'être tout à fait résolus.

On trouve dans cette *Chronique* les mêmes noms écrits différemment; quant aux dates, rien de moins précis et de plus confus; environ la fin du mois d'Avril..., et le lendemain..., environ ladicte saison..., un jour advint..., le lendemain... Sans vouloir formuler un jugement trop sévère, on ne peut, cependant, s'empêcher de reconnaître que Vallet a vraiment été trop loin, en vantant la méthode, le plan et l'intelligence dont aurait fait preuve Cousinot de Montreuil en rédigeant sa *Chronique*. Rien de pareil ne s'y voit, c'est plutôt le contraire qui apparaît, et les qualificatifs d'œuvre excellente, incomparable, etc., ne conviennent guère à cette composition historique.

Nous avons, pages 51 et suivantes, démontré que, contrairement à ce que dit Vallet, l'auteur a, pour la rédaction de son ouvrage, emprunté à la *Geste* et au *Journal du siège*. Et comment en aurait-il pu être autrement puisque la *Chro-*

Pour le premier, Lebrun de Charmettes fixe au 13 février le départ de Jeanne, de Vaucouleurs, et son arrivée à Chinon le 24, même mois. Wallon, départ au 23 février et l'arrivée au 6 mars.

Pour le second point, on lit dans E. Windecken : « Lorsque tout fut préparé, la Pucelle chevaucha de Chinon, où était le Roi, vers Blois, où elle attendit jusqu'au *jeudi 28 avril* le convoi et la puissance de guerre qu'elle voulait conduire devant Orléans. » (QUICHE-RAT, IV, 490.)

Chronique de Charles VII : « ...print son chemin ycelle Jehanne la Pucelle et les capitaines dessus nommez de tirer droit à Orléans, du costé de la Soloigne. Et *couchèrent une nuit dehors*, et le *lendemain* arrivèrent devant Orléans. »

Chronique de la Pucelle : « puis se mirent tous en chemin pour tirer à Orléans. Ils *couchèrent en chemin une nuit dehors.* »

Voilà qui est bien établi, départ de Blois le 28, nuit du 28 au 29 passée aux champs, et 29 arrivée devant Orléans. C'est ainsi que Wallon l'a compris; mais Lebrun de Charmettes et H. Martin fixent le départ au 27, deux nuits aux champs et 29 devant Orléans. Sans doute, d'après le *Journal* disant que Jeanne et ses gens *geûrent la nuit ensuivant* à Chécy, et les fait entrer à Orléans le 29.

En présence des trois textes ci-dessus, il est évident que celui du *Journal* est erroné. Le verbe *gésir*, s'il veut dire être couché, comme dans cette phrase du *Roman de la Comtesse de Ponthieu* : « li lit furent appareillié, si allèrent *gésir* », il signifie encore *étendu*, mort, au *repos*. Le *Mystère* le donne dans ce dernier sens. A Chécy, le sire de Rais dit : « Ferons icy une *repeue*, puis à Orléans yront descendre » (p. 451). Jeanne se rend à cet avis, quoique pressée d'être dans la ville assiégée. Elle et ses gens firent une *repeue*, un *repas*, tout en se *reposant*, pour attendre la nuit.

Nous ne parlerons pas ici de M. Boucher de Molandon qui, dans sa « *Première expédition de Jeanne d'Arc* », écrit que Jeanne séjourna une nuit au manoir de Reuilly. Sa thèse repose sur le texte du *Journal*.

nique de la Pucelle a été terminée vers 1456 et le *Journal* écrit en 1429?

Dans ses éditions du *Journal* et de la *Chronique*, Quicherat a noté les passages identiques qui se lisent dans ces deux ouvrages. C'est ce que nous avons fait pages 51 et suivantes, en rapprochant le texte du *Journal du siège* (qui a fourni à la *Geste*) de celui de la *Chronique* (extrait de cette même *Geste*) pour établir par l'analogie qui existe entre eux, que c'est le *Journal* qui a servi à la *Geste*, et par conséquent à la *Chronique de la Pucelle*. Nous les signalons également dans notre édition du *Journal du siège*.

Il est évident que la scène de l'étendard à l'attaque des Tournelles, la délivrance du bourg de Bar, la mort du gentilhomme d'Anjou, à Jargeau, Suffolck et G. Regnault, etc., sont pris du *Journal*, mais, à ces récits, Cousinot de Montreuil en a ajouté d'autres tirés des dépositions de témoins de 1456, notamment ceux-ci après :

La conversation qui eut lieu entre le bâtard d'Orléans et la Pucelle au port du Bouchet, le 29 Avril 1429 (Déposition de Dunois); la scène d'intérieur chez le trésorier Boucher, le soir de l'arrivée de Jeanne en son hôtel (déposition de Charlotte Boucher, femme Havet) ; Jeanne sommeillant en son logis et s'éveillant soudainement, montant à cheval et se dirigeant, son étendard à la main, vers la *bastide* de Saint-Loup, quoiqu'elle ne connût pas le chemin, n'y ayant jamais passé, mais conduite seulement par ses voix (1) (dépositions modifiées, dit Quicherat, de L. de Coutes, Beaucroix, etc.)

Ce qui est inexact puisque de Saint-Loup à l'hôtel du tré-

---

(1) « ...Et alla aussy droict comme si elle eust sceu le chemin par avant, et toutefois oncques (jamais) n'y avoit entré. Ladicte Jeanne dist depuis que sa *Voix* l'avoit esveillé et enseigné le chemin : et que Messire (Dieu) luy avoit faist sçavoir. »

C'est ce qu'on lit dans la *Chronique de la Pucelle*. Son auteur, Cousinot de Montreuil, a fait preuve ici et en bien d'autres endroits de son ouvrage d'une grande crédulité. A l'encontre de son oncle, le chancelier, il admettait facilement le merveilleux, et cela sans examen, sans aucun esprit de critique.

C'est le lieu de faire la remarque que cette même Voix aurait bien dû dire à la Pucelle qu'on abusait de son ignorance, en la faisant passer, au départ de Blois pour Orléans, par la Sologne, au lieu d'aller par la rive droite du fleuve, ainsi qu'elle l'avait demandé : Il n'en fut rien et Jeanne se contenta d'adresser des reproches au bâtard à ce sujet.

sorier, le trajet est en ligne droite et qu'elle y avait passé le 29. — La scène de l'alose dont un *godon* devait avoir sa part (déposition de Colette, femme Millet). — La demande de Jeanne avant la bataille de Patay, si les Français avaient de bons éperons (dépositions de Dunois, d'Alençon, etc.) — Tous ces faits ne sont pas mentionnés dans le *Journal*. — Par cela même, ils prouvent l'antériorité de la composition de ce dernier ouvrage sur la *Chronique*. — Donc le *Journal* (ou la *Geste* qui l'a reproduit en partie), a servi à Cousinot de Montreuil, pour écrire sa *Chronique de la Pucelle*.

CHAPITRE III

Chronique de Charles VII, par Jean Chartier

Jean Chartier, frère de Guillaume, évêque de Paris, et d'Alain, le poète, naquit, dit-on, comme eux à Bayeux, à la fin du XIVᵉ siècle. Il fut moine à Saint-Denis, puis chantre, une des premières dignités de cette abbaye. Par lettres patentes du 18 Novembre 1437, il fut nommé historiographe ou chroniqueur en titre du roi, et prêta serment en cette qualité, le même jour. Il remplit cet office jusqu'en 1461, où Louis XI le lui retira pour le donner à un moine de Cluny.

C'est en 1461 que Chartier se mit à écrire sa *Chronique de Charles VII;* mais ce travail était depuis longtemps en préparation par des notes, documents et renseignements recueillis par lui à cette fin. D'après Vallet, il vivait encore en 1475-76.

Quicherat prétend que, pour ce qui concerne Jeanne d'Arc, Chartier en recueillit les éléments de 1440 à 1450, avant le procès de réhabilitation.

Selon Vallet, pour Jeanne et les faits advenus avant 1437, Chartier aurait puisé dans la *Geste*, la *Chronique de la Pucelle* et celle de *Berry*, — et à partir de 1437, d'après renseignements et notes. Ces deux critiques représentent Chartier comme un mauvais écrivain, crédule, peu judicieux, inexact, incomplet; mais, malgré ses défauts, ajoutent-ils, sa *Chronique* a une très grande importance historique pour le règne de Charles VII : c'est le recueil, le moniteur incomplet, mais authentique et officiel. — Si l'on compare cette *Chronique* avec celle de *la Pucelle* (ou des deux Cousinot), il y a entre elles, dit Vallet, une conformité de faits et de mots si remarquable, que l'un a évidemment été le copiste de l'autre.

Il a emprunté, dit Quicherat, à la *Chronique de la Pucelle* et à celle de *Berry*, et son récit a depuis engendré tous les autres. Vallet, citant Godefroy, prétend avec lui, que Chartier eut la *Chronique de la Pucelle* et la *Geste* en communication.

Examinons ces différentes assertions pour démontrer combien elles sont peu fondées, en ce qui concerne les emprunts faits par Chartier auxdites *Chroniques*.

Celles de la *Pucelle* et de *Berry* n'ont été terminées et connues qu'après 1456. Étant manuscrites, entre les mains de leurs auteurs qui devaient peu se soucier de les communiquer ou confier à un quelconque traitant surtout du même sujet, par crainte qu'il n'en fût pris copie, ainsi que nous le disons page 26, il est difficile alors d'admettre que Chartier ait pu les avoir un moment à sa disposition et y puiser des renseignements. — Il en est de même pour la *Geste des Nobles*, restée en la possession du chancelier et plus tard, vint en celle de son neveu, Cousinot de Montreuil, qui en usa pour ses récits sur le siège et surtout pour Jeanne d'Arc. Dans ces conditions et sachant que ces compositions historiques étaient manuscrites et non répandues, il faut chercher ailleurs la source d'information où J. Chartier se documenta sur cet événement dont il fait mention dans sa *Chronique de Charles VII*. Quicherat et Vallet en disant que c'est dans la *Geste* que Chartier trouva ses principaux renseignements ne se doutaient probablement pas, qu'au fond, ils touchaient juste, il n'y a qu'une légère différence dans la forme, car ce n'est pas la *Geste* elle-même que Chartier consulta, mais bien le *Journal du siège*, composé par le chancelier, remis par lui, en 1439, aux procureurs, et déposé à la maison commune où il était à la disposition de ceux qui s'intéressaient à cet événement historique.

Le moine de Saint-Denis en prit-il connaissance en personne ou par un tiers? — M. Cuissard est presque de cet avis. Chartier a connu le *Journal*, dit-il, et lui a vraisemblablement emprunté l'ensemble des événements et l'a même copié complétement pour certains faits.

Nous serons plus affirmatif. Preuves en mains, nous allons établir que Chartier a, non seulement connu le manuscrit du siège déposé aux archives de la Ville, mais qu'il y a pris ou fait prendre par une tierce personne, les renseignements qui lui étaient nécessaires pour sa *Chronique*.

Au Chap. 32 de cet ouvrage, Chartier parle du siège mis par les Anglais devant Orléans, énumère les bastilles enne-

mies entourant la ville avec fossés doubles les reliant entr'-
elles. — Les défenseurs de la ville : bâtard d'Orléans, Bous-
sac, la Hire, etc. ; la destruction des églises sises ès-faubourgs
presqu'aussi grands que la ville elle-même, etc. Ce sont là
des renseignements topographiques qui ne peuvent avoir été
pris par Chartier, ailleurs, que dans le *Journal*, œuvre d'un
habitant d'Orléans, au moment du siège. C'est l'évidence
même, contre laquelle on ne peut rien objecter.

Chap. 33. Journée des Harengs. Récit sommaire fait par
Chartier, mais avec assez de détails pour renseigner sur cette
action militaire, dont le fond est emprunté au *Journal*.

Chap. 34. La mort de Salisbury; les détails, pierre de canon, fenêtre d'une des Tournelles, blessure à la tête; puis
mort de ce général quelques jours après, à Meung, et son
corps transporté en Angleterre, sont également pris dans le
Journal, Chartier n'a encore fait ici qu'en abréger le récit
tout en trouvant le moyen de placer le fait après la journée
des Harengs. — Situation désespérée des Orléanais qui,
après cette déconfiture, envoyèrent Poton vers le duc de
Bourgogne pour mettre la ville en sa garde; la démarche de
ce dernier auprès de Bedford pour obtenir de lui l'abstinence de guerre pour la ville et le duché; refus du régent
anglais d'y acquiescer, disant : « Je ne veux pas battre les
buissons pour qu'un autre ait les oisillons ». Retour de Poton à Orléans et, avec lui, un héraut du duc de Bourgogne,
qui donne l'ordre aux sujets dudit duc de quitter le siège.
Tous ces faits sont dans le *Journal*, Chartier en les reproduisant peu exactement y ajoute quelques détails, notamment
la phrase de Bedfort devenue proverbiale, qui n'est pas dans
le *Journal*, mais qu'on retrouve dans le *Mystère*, sous cette
forme : « Nous avons battu les buissons, il en veut avoir les
prunelles », dite par d'Escales à la même occasion. Le *Journal* et par conséquent, la *Geste* et la *Chronique de la Pucelle*
n'en parlant point, l'auteur du *Mystère* l'aurait-il pris dans
Chartier?

Chap. 35. Venue de la Pucelle. Dire avec Quicherat que
l'auteur du *Journal*, pour ce qui est relatif à la Pucelle, puisa
dans la *Chronique* de Chartier, c'est, à notre avis, aller
contre toute vérité! Le chancelier prenant note exactement

des faits du siège et apprenant le passage à Gien de Jeanne se rendant à Chinon, auprès du roi, et de la mission qu'elle s'attribuait, ne pouvait agir autrement, pour être complet dans son récit, que d'en faire mention. Il fut renseigné sur ce point, par Villars et Jamet du Tilloy, envoyés par le bâtard d'Orléans, à Chinon, pour connaître le fait de cette *Pucelle;* ceux-ci, de retour, racontèrent au bâtard d'Orléans et à tous, ce qu'ils avaient vu et entendu dire au sujet de Jeanne. Car, quoi que ces faits ne soient racontés par les historiens que d'après la déposition de Dunois au procès de revision, Cousinot le chancelier dut en avoir connaissance au temps même où ils eurent lieu. C'est donc encore dans le *Journal;* c'est là surtout, et non ailleurs, que se trouve le premier récit qui fut consacré à Jeanne ; et c'est là aussi, à n'en pas douter, que Chartier en a pris connaissance. Du reste, il est bon de le faire remarquer encore une fois, c'est le *Journal* qui a servi à la rédaction de la *Geste* et de la *Chronique de la Pucelle* qui en a été extraite.

Pour plusieurs passages, Chartier s'est cependant écarté du *Journal.* Il écrit que c'est un nommé Ville-Robert qui conduisit Jeanne, — et non de Metz et Poulangy comme le mentionne le *Journal.* Une *Chronique de la Pucelle* (manuscrit de la Bibliothèque de la ville d'Orléans), éditée par Buchon, donne également Ville-Robert. D'où peut bien provenir cette divergence de personnes dans les manuscrits de cette *Chronique,* et pour quelle raison Chartier a-t-il écrit dans la sienne *Ville-Robert* au lieu de Metz et Poulangy ? — A propos de son armure et de l'épée de sainte Catherine de Fierbois, *placées* dans la *Chronique* de Chartier *après l'arrivée de Jeanne à Orléans,* à la question que lui adresse le roi si elle a vu cette épée, Chartier fait dire à celle-ci : « *Qu'oncques* (jamais) *n'avoit* ESTÉ NE ENTRÉ EN L'ÉGLISE DE SAINTE-CATHERINE, mais bien scavez quelle y estoit. » Dans le *Journal* et la *Chronique de la Pucelle,* c'est l'épée qu'elle dit n'avoir *oncques veue.* Chartier serait donc en contradiction avec ce que déclara Jeanne, à Rouen, qu'à son passage à Fierbois elle entra dans l'église de Sainte-Catherine et y entendit trois messes. Il a reproduit, en l'amplifiant, le récit du *Journal.*

Notre chroniqueur revient à parler de Blois. Conseil tenu
en cette ville, puis départ pour la Sologne. D'accord avec
la *Chronique de la Pucelle*, il dit que Jeanne et ceux qui
accompagnaient le convoi passèrent une nuit dehors, et le
lendemain 29 Avril arrivèrent devant Orléans. Le *Journal*
ne parle pas de la nuit passée en route. Il est continuelle-
ment reproduit, mais plus ou moins longuement par Chartier, ainsi que nous le démontrons par des notes dans notre
édition du *Journal*, au fur et à mesure que ces emprunts se
présentent.

Citerons-nous le bourg de Bar, Suffolk fait prisonnier par
Guillaume Regnault, etc., reproduits par Chartier, Berry,
Cousinot de Montreuil, etc.; ce sont là des incidents locaux
qui, ainsi que nous l'avons déjà dit, n'ont pu être recueillis
au moment même que par un Orléanais, témoin des événements, et de suite en prend note; c'est ce qu'a fait le chancelier, et c'est dans son *Journal* que Chartier, Berry, etc., se
sont documentés sur le siège et sur la Pucelle.

Chartier est le seul qui indique que le Conseil de guerre
du *6 mai fut tenu en l'hôtel du chancelier*. C'est lui aussi
qui nous apprend que Jeanne brisa son épée de Fierbois sur
le dos d'une femme diffamée, d'abord pendant le voyage de
l'armée de Gien à Auxerre (p. 90), puis se contredisant plus
loin (p. 122), place le fait après la bataille de Patay : mais
le duc d'Alençon, mieux informé, a déposé, en 1456, que le
bris de cette épée eut lieu à Saint-Denis, en sa présence.

C'est encore Chartier qui rapporte, en deux endroits différents de sa *Chronique* (p. 109-111), que Jeanne, avant de
quitter Saint-Denis, laissa *toutes ses armures complètes* à
cette abbaye devant les corps de Saint-Denis et de ses compagnons. Ce renseignement ne se lit ailleurs que dans Perceval de Cagny et au procès de Rouen.

Parlons maintenant du mode et de la rédaction mis en
pratique par Chartier dans son œuvre. Félibien dit « qu'il
fut de trop bonne heure au service de Charles VII pour
n'avoir esté parfaitement bien informé de tout ce qui le
regardoit ». Il ne quitta pas son abbaye; il raconte d'après
renseignements qui lui ont été fournis et non comme témoin oculaire, sauf pour le siège d'Harfleur, auquel il

9

assista. Aussi sa *Chronique* se compose en majeure partie,
dit Vallet, de rapports et de mémoires de seconde main qu'il
insère souvent *verbo adverbum*, tels qu'ils lui furent racontés sans aucuns frais de rédaction de sa part ; et la manière
dont elle est rédigée d'un bout à l'autre semble attester
qu'il ressentait comme un certain dégoût de ses fonctions
d'historiographe du roi.

Chartier écrit que Montargis fut assiégé par Warvick en
1424, au lieu de *1427*; le siège mis devant Orléans en *1429*,
au lieu du *12 octobre 1428*. Après avoir raconté la bataille
des Harengs, de suite, sans intervalle et sans transition, il
parle de Salisbury blessé à la tête en regardant du haut des
Tournelles la ville d'Orléans ; il semble ignorer que le fait
arriva le jour même de la prise desdites Tournelles par les
Anglais, le 24 octobre 1428, au soir, et la défaite de Rouvray le 12 février suivant, plus de trois mois après. Il fait
mention du départ de Jeanne et du convoi de Blois pour
Orléans, et aussitôt parle de l'épée de Fierbois, puis se répète pour signaler l'arrivée de Jeanne à Blois et son départ
pour Orléans.

On ne peut rien trouver de plus mal ordonné, ni de plus
mal rédigé ; la chronologie est bouleversée à chaque instant, pas de date précise : assez tôt après, en celui temps, il
advint un jour, aussitôt après, lendemain et autres termes
semblables, sans aucune indication de date comme point de
départ; quant à l'orthographe des noms, des personnes et
des lieux, elle est des plus fantaisistes, comme cela se voit,
du reste, dans les *Chroniques* de ce temps, notamment dans
celle de la Pucelle.

Pour terminer, et passant par-dessus bien d'autres inexactitudes, on est, après lecture, amené à se ranger au jugement sévère, mais juste, qu'en ont porté Quicherat et
Vallet.

La *Chronique* de J. Chartier sur Charles VII, dont il
existe un grand nombre de manuscrits, fut imprimée dans
le recueil des *Grandes Chroniques de Saint-Denis* en 1476 et
1477. 3 vol. in-f°; par Quicherat, en 1847, dans sa publication sur Jeanne d'Arc, et en 1858 par Vallet de Viriville.

CHAPITRE IV

Chronique de la fête du 8 mai, par un anonyme

« L'auteur de la *Chronique de la fête du 8 Mai* est, dit
Quichérat, un vieillard qui parle des choses dont il a été
témoin dans sa jeunesse. Son témoignage complète ou re-
dresse, à l'occasion de la délivrance d'Orléans, non seulement le *Journal*, mais encore plusieurs des dépositions con-
signées au procès. »

Une génération était donc survenue depuis les événements du siège jusqu'au moment où l'auteur écrivit assez
tard, c'est-à-dire à un âge avancé, cette relation de faits dont
il avait été le témoin, et auxquels, peut-être, il avait pris une
part plus ou moins active, comme il le déclare, du reste, à
la fin de son travail. Il constate que déjà, au temps même
des événements, des Orléanais se refusaient à en croire une
partie, sans doute celle qui avait un caractère de surnaturel.

« Et pour ce, soit ung chascun averti de louer et de remer-
cier Dieu, car par aventure, il y a, dit-il, pour le présent,
de jeunes gens qui, à grant peine, pourroient-ilz croire ceste
chose ainsy advenue, mais croiez que c'est chose vraie et
bien grant grâce de Dieu. »

Cette *Chronique*, à laquelle on donne pour titre : *Récit
abrégé du siège et rétablissement de la procession anniversaire du 8 Mai*, ne renseigne, à tout prendre, que sur la
cérémonie militaire et religieuse qui suivit la levée du siège,
le dimanche 8 mai, puis pour certains faits qui complètent
le *Journal* et la *Chronique de la Pucelle*. On la présente
comme une œuvre originale d'une certaine importance, et
ayant été composée en dehors du *Journal*, des *Chroniques
de la Pucelle* et de *Charles VII*, etc. Une lecture attentive de
la *Chronique du 8 Mai*, de celle de la *Pucelle* et de la *Geste*
amène à cette conclusion : qu'elle n'est qu'une relation
abrégée, très abrégée même, de ces deux dernières compositions, dont elle résume en quelques lignes des chapitres
entiers.

En voici la preuve :

La *Chronique du 8 Mai* débute par dire qu'en 1428 les Anglais tinrent conseil en Angleterre, à l'effet de décider de porter la guerre en France; le comte de Salisbury fut choisi pour commander l'armée d'invasion. Charles, duc d'Orléans, alors prisonnier en Angleterre depuis la journée d'Azincourt, averti de cette décision, intervint auprès de Salisbury afin d'obtenir de lui l'abstinence de guerre pour son duché. Ce que celui-ci promit. A ce récit sommaire pris de la *Chronique de la Pucelle* et de la *Geste*, l'auteur de notre *Chronique* ajoute ce renseignement particulier : en reconnaissance de l'engagement pris par Salisbury de ne pas endommager la terre du duc prisonnier, ce dernier « lui promist six mille escuz d'or, c'est assavoir de luy *raimbre ung joyau qu'il avoit en France* (1). Et de tout ce, le conte de

(1) Le mot *raimbre* a donné lieu à diverses interprétations et a, souvent, été reproduit sans être expliqué.

Donnons quelques exemples ou la signification de ce mot peut être comprise différemment.

Dans l'*Ordene de Chevalerie*, composition d'un trouvère du XII° siècle, Hugues de Saint-Omer, prince de Tibériade, fait prisonnier par les Infidèles, est conduit devant Saladin.

Hues, mout sui lié * quant vous tien, * joyeux.
Che dist li rois par Mahoumet.
Et une cose * vous promet,   * chose.
Que il vous convenra * morir.   * conviendra.
Ou à grant raenchon * venir.   * rançon.
Li prinches Hues respondi
Puisque m'avez le gui * parti. **   * jeu, la chose; ** laissé choisir.
Je prenderoi le raiembre *   * meilleur.
Oïl, che li dist li rois
Cent mille besans me conterois.

Dans son glossaire, Barbazan dit : « raembre, raiembre, racheter, *redimere*. Il est aussi substantif. Hues de Tabarie dit qu'il choisira le raiembre. »

Clopinel dans son codicille :

Encor le doy-je (Dieu) plus amer quant il me membre.
Qu'il me fist chrestien, et qu'il me daigna *reimbre*.
Qu'il me fist quant au corps, sans deffault de membre
Ne le doy oublier n'en aoust, n'en septembre.

Ici le mot *reimbre* a le sens de donner, accorder, favoriser.

Pour Quicherat, ce mot *raimbre* est la forme insolite de l'ancien verbe rémérer; pour d'autres, c'est le mot de la langue du Nord, du latin *redimere*. Reimbre aurait pour correspondant *rembre*, du latin *réméré*, rendre, conservé dans la locution, *vendre à réméré*.

Salsebery n'en tint riens; aussy il luy en prist mal, comme vous en orrez, car Dieu l'en punist. »

Il suit ces deux documents pour dire que Salisbury descendit en Normandie, se dirigea vers le Pays Chartrain, prit Nogent-le-Roi, Yenville, puis Meung, Beaugency, Jargeau, Cléry, qu'il pilla ainsi que l'église de Notre-Dame. Le 13 octobre, (1) il mit le siège devant Orléans, côté du boulevart du Pont, et le 24 octobre s'empara des Tourelles. Comme le *Journal*, notre auteur raconte que Salisbury fut blessé à la tête par un éclat de pierre de canon et qu'il mourut quelques jours après à Meung, où il avait été transporté.

Au récit du *Journal* du fait que le canon fut tiré de la tour de Notre-Dame, « combien qu'il ne fust oncques sceu proprement de quelle part il avoit esté jetté », bruit ou nouvelle recueilli et enregistré au moment même par l'auteur sans

D'après les deux exemples ci-dessus, le mot *raimbre* signifierait donner, favoriser, choisir, conserver, garantir, sauvegarder. Le duc d'Orléans promet 6.000 escus à Salisbury, à la condition *qu'il garantira de tout dommage de guerre, le joyau qu'il avait en France*, c'est-à-dire *Orléans*, la capitale de son duché. Ce que Salisbury promit et ne tint pas. C'est, pensons-nous, l'interprétation qu'il convient de donner aux mots *raimbre* et *joyau*, d'après ces vers du *Mystère :* La Pucelle vient de s'emparer des Tourelles, Talbot dit à ses capitaines :

Ha ! quelle journée, doloreuse
D'avoir perdu ce bel joyau
De ceste place vertueuse,
Et qui tant François menoit beau. (p. 36.)

Le mot *joyau* est encore employé dans le *Mystère* pour le *Pont*, qui est *un très noble joyau*, de même pour le Portereau (p. 14).

(1) 13 octobre pour le 12 dudit mois. — Le notaire Girault fait attaquer et prendre les Tourelles par les Anglais le 12 octobre au lieu du 24. Dans le *Mystère*, la prise des Tourelles par la Pucelle est indiquée au 9 mai. Enfin, le *Journal* donne le 6 mai au lieu du 7 pour le même fait, et 10 juillet au lieu de 17 pour le jour du sacre. On ne s'explique pas que de pareilles erreurs de dates aient pu être commises par des Orléanais bien placés pour être renseignés exactement sur ces faits. Dans ces conditions, on est tout disposé à excuser les chroniqueurs étrangers à notre province qui ont commis de semblables erreurs. Eberhard de Windecken place au *samedi 8 mai*, l'attaque et la prise des Tourelles. Le hérault Berry donne la date du 14 mai comme étant celle de la délivrance; — J. Chartier le siège mis en 1429; — P. Cochon, siège mis l'an 1438 devant Pâques (Pâques le 4 avril ; — Bourgeois de Paris, en septembre, — et pour Monstrelet le 21 octobre, etc. Comme nous l'avons déjà dit, nos anciens auteurs ne se mettaient nullement martel en tête pour les dates et pour les noms; ils les écrivaient sur le papier tels que les uns et les autres se présentaient à leur pensée à ce moment, et sans se soucier aucunement d'être exacts.

plus ample information, celui de la *Chronique du 8 Mai*, écrivant longtemps après l'événement, et sans doute mieux renseigné, ajoute : « Et aucuns dient que ledit canon partit de Saint-Anthoine, les autres dient de la tour de Nostre-Dame, et qu'il y eust un jeune paige qui jecta ledit canon; et, qu'il soit ainsy, le canonnier, qui avoit la charge de la dicte tour, trouva le dict page qui s'enfuyoit. Et aussi estoit-ce assez raisonnable, veu et considéré que iceluy conte de Sallebery avoit, comme dit est devant, pillé ladicte esglise de Nostre-Dame de Cléry, que par elle il en fust puny. »

Notre chroniqueur est le seul donnant ce renseignement qui complète sur ce point et le *Journal* et la *Chronique de la Pucelle*.

Nous ne suivrons pas sa brève narration, rédigée, comme nous l'avons dit, d'après la *Geste* et la *Chronique de la Pucelle;* nous ne signalerons que les faits confirmant ou contredisant soit cette dernière *Chronique*, soit le *Journal*, ou les complétant.

Dans notre *Chronique*, on lit : « Pendant les *fériers de Noël*, les Anglois vinrent devers Saint-Loup pour mettre le siège (c'est-à-dire y édifier une bastille), et cependant ceux de la ville abbattirent toutes les églises et maisons des forsbourgs qui furent une grande *consolacion* (1) pour la ville à l'encontre des Anglois. »

D'après le *Journal*, le jour de Noël furent données et octroyées trêves de part et d'autre; le 29 *décembre* furent brûlées et abatues plusieurs églises comme Saint-Loup, etc., afin que les Anglais ne pussent s'y loger et fortifier. Et le 10-11 mars les Anglais construisirent *une bastille à Saint-Loup.*

La défaite de Rouvray-Saint-Denis est, dans notre *Chronique*, racontée en douze lignes, résumant les pages qu'y consacrent celle de la *Pucelle* et le *Journal*.

---

(1) Des auteurs veulent, M. Boucher de Molandon entre autres, que le mot *consolacion* est celui qui convient ici, au lieu de *désolacion* qui se lit dans le manuscrit de cette *Chronique* existant à la Bibliothèque de Saint-Pétersbourg. Cette dernière leçon se comprend bien mieux.

Ce fut une grande désolation pour les Orléanais de détruire ou voir détruire les églises et autres monuments sis hors la ville; mais les nécessités de la défense leur en firent une loi, afin que l'ennemi ne pût s'y fortifier, ainsi que l'expose le *Mystère*, p. 70.

Dans ce dernier ouvrage, on lit que le comte de Clermont et ses hommes arrivèrent à Orléans le 12 février, au soir, bien tard, et qu'ils en *partirent le vendredi 18 février*, emmenant avec eux l'archevêque de Reims, l'évêque d'Orléans, Culant, etc., et bien 2.000 combattants « dont ceux d'Orléans ne furent pas bien contens... » C'est alors que, voyant le petit nombre de ceux qui restaient pour la défense, ils envoyèrent des ambassadeurs vers le duc de Bourgogne, pour obtenir de Bedford l'abstinence de guerre.

La *Chronique du 8 Mai* est, ici, en contradiction avec le *Journal* : « *Monseigneur de Bourbon* et plusieurs autres seigneurs et chefs de guerre de la journée arrivèrent à Orléans, environ mynuit, et là *furent 9 jours* estans tous effraiés de la journée qu'ils avoient perdue, tellement que quand ilz veirent les Anglois venir au siège homme ne les povoit faire issir hors de la ville. Et ce, voyant les bourgeois d'icelle que leurs vivres diminuoient fort, vindrent devers Monseigneur de Bourbon et devers Monseigneur de Thouars leur faire requérir qu'ilz les envoyassent hors; et ainsy s'en partirent » le 21 février, au lieu du 18, comme le porte le *Journal*.

La fin de ces deux récits diffère. Pour la *Chronique*, ce sont les vivres diminuant qui motivent le départ de la ville du comte de Clermont et de ses hommes. Dans le *Journal*, c'est de voir l'effectif d'hommes pour défendre Orléans être réduit d'autant et, par suite, présenter moins de résistance à l'ennemi. Le *Mystère* est dans ce sens, la *Chronique* est muette : C'est alors que les Orléanais députèrent vers le duc de Bourgogne pour obtenir de Bedford l'abstinence de guerre, ainsi que le relatent le *Journal*, la *Chronique de la Pucelle* et le *Mystère*.

Ladite *Chronique du 8 Mai*, en disant que la Pucelle et le convoi passèrent *à* ou *près* Olivet et se rendirent jusqu'à l'Ile aux Bourdons, devant Chécy, complète ici le *Journal* et la *Chronique de la Pucelle*, qui ne précisent rien à ce sujet.

Contrairement à ce que déclara frère Pasquerel à l'enquête de 1456, que les eaux étaient basses, elle nous apprend encore que la Loire était en ce moment à *plein chantier*, et que les bateaux partis d'Orléans pour charger le convoi ne purent arriver jusque-là, à cause du vent qui était contraire et ne devint favorable qu'à la demande de Jeanne : ainsi qu'on le lit également dans la *Chronique de la Pucelle*. Le *Journal* ne fait point mention de cet incident. Et ni le *Journal*, ni la *Chronique de la Pucelle* ne disent que Jeanne, de son logis près la porte Renard, pouvait voir tout le siège, c'est-à-dire les moyens d'attaque des Anglais, comme le renseigne la *Chronique du 8 Mai*.

La conversation entre Jeanne et J. de Mascon, dans l'église de Sainte-Croix, ne nous est également connue que par la mention qu'en a faite notre chroniqueur. Jeanne alla à Sainte-Croix le 2 mai, est-ce à cette date qu'il faut placer cette scène intéressante?

La même *Chronique* est d'accord avec le *Journal* pour dire que Jeanne ne voulut pas combattre le jour de l'Ascension, et qu'en un Conseil de guerre on décida d'attaquer les Anglais le lendemain. D'après la *Chronique de la Pucelle*, au contraire, Jeanne éprouva un grand déplaisir de ce que les chefs ne voulurent pas, comme elle le demandait, attaquer les Anglais ce jour-là.

Le vendredi 6 mai, après la prise des Augustins et les attaques contre le boulevard des Tourelles, Jeanne fut fort *folée* et menée à Orléans. « Et ce fust crié que chascun porta vivres à ceux qui restoient aux champs, et puis en ville on print soin de leurs chevaux et surveilla les pages. » La *Chronique de la Pucelle* dit que Jeanne fut blessée à un pied; ce que le *Journal* ne mentionne pas, et que la *Chronique du 8 Mai* laisse entendre par fort *folée*, c'est-à-dire *affolée*, pour *blessée* (1). Tous les trois sont d'accord à reconnaître que Jeanne fut ramenée à Orléans; « et ceux de la ville, dit le *Journal*, faisoient grand' diligence de porter toute la nuit

---

(1) La *Chronique du 8 Mai* dit qu'à l'assaut des Augustins « les seigneurs, voyant que la Pucelle estoit fort *folée*, l'amenèrent en la ville pour soy se refreschir. »

On explique le mot *folée*, par foulée, lasse, fatiguée. Il nous paraît qu'ici il serait mieux rendu par *affolée*, blessée. En effet la *Chronique de la Pucelle* dit qu'à cet assaut des Augustins la Pucelle *fut blessée à un pied* par une chausse-trape, ce dont ne font mention ni la *Chronique du 8 Mai*, ni le *Journal*.

D'après du Cange, le mot *affoler*, *affolare*, signifie être blessé, soit à la jambe ou au bras, soit à une main ou à un pied. C'est dans ce sens qu'on lit ces mots foler et affoler dans les auteurs du xvᵉ siècle.

Bourgeois de Paris, année 1409 : « Un homme fut tout *affolé* (estro-

pain, vin et autres vivres aux gens de guerre tenant le siège devant les Tournelles. »

« Pendant la nuit du vendredi 6 mai, les Anglois passèrent la Loire dans deux ou trois chalans au droit de la bastille du champ de Saint-Pryvé, mais ilz furent si effrayés, que il s'en noya beaucoup; et qu'il soit ainsy, depuis on trouva de leurs harnois en ladicte rivière. »

Rien dans le *Journal;* mais dans la *Chronique de la Pucelle,* reproduisant la *Geste,* on lit : « Ceste nuit les Anglois qui estoient dedans le boulevart Saint-Pryvé, s'en departirent et y misrent le feu; puis passèrent Loire en vaisseaux et se retirèrent en la bastille Saint-Laurent. »

Le samedi 7 mai, au matin, Jeanne fut requise par les bourgeois d'aller attaquer les Tournelles; même récit dans la *Chronique de la Pucelle,* rien dans le *Journal.*

Notre chroniqueur fait mention d' « ung grand chalen qui estoit plain de fagots, d'os de cheval, savates, souffre, etc., et fut mené entre les Torelles et le bolvart, et là fust boté (bouté, mis) le feu ». En cela, il est d'accord avec un compte de forteresse de 1429, faisant mention des sommes payées à Jean Bourdon et à Jean Poitevin, au sujet de ce chaland.

Les trois documents consacrés spécialement au siège : *Journal, Chronique de la Pucelle* et le *Mystère* sont muets sur ce point.

A la prise des Tournelles, Jeanne fut blessée à l'épaule, notre chroniqueur n'en parle point, non plus de la scène de l'étendard que rapportent le *Journal* et la *Chronique de la Pucelle;* mais on lit dans son ouvrage « qu'aucuns chevaliers veirent ung *colon blanc* voler par sus l'estendart de la Pucelle, et incontinent elle dit : « Dedans, enffans, en nom Dé, ils sont nostres. »

Le *Journal,* la *Chronique de la Pucelle,* le *Mystère* ne parlent point du *colon blanc* ou pigeon. Eberhard de Windecken fait mention de deux oiseaux blancs qui voltigeaient sur les épaules de Jeanne.

La *Chronique du 8 Mai* relate que Classidas et vingt à trente Anglais furent noyés en passant sur le pont, entre le boulevart et les Tournelles, qu'ils avaient coupé pour tromper les Orléanais, et fondit sous eux. Ainsi fut la prophétie accomplie, que Classidas mourrait sans saigner. Ce dont ne parlent point le *Journal* et la *Chronique de la Pucelle*, mais qu'on lit dans le *Mystère*. Contrairement à ces trois documents qui mettent Moulins et Ponins parmi les noyés, notre chroniqueur dit qu'ils furent faits prisonniers.

Comme le *Journal*, il raconte que plusieurs Anglais prisonniers déclarèrent avoir vu pendant le combat saint Euverte et saint Aignan en habits pontificaux circuler pardessus les murs de la ville. La *Chronique de la Pucelle* n'en dit rien.

Pour le dimanche 8 mai, que les Anglais levèrent le siège et partirent en ordre de bataille, la *Chronique* a suivi le récit du *Journal* en évitant de reproduire la faute qui s'y lit, 7 mai au lieu de 8. Puis relation de la procession qui fut ordonnée par l'évêque d'Orléans, le bâtard d'Orléans et les bourgeois, être faite le 8 mai, avec le cérémonial présent (1). En quelques lignes, il est parlé de Jargeau, qui fut pris en deux jours (2), de Meung, Beaugency, de la bataille de Patay, où Talbot fut fait prisonnier, et environ 4.000 Anglais tués ou prisonniers. Il y résume le *Journal*.

Pour notre chroniqueur comme pour le *Journal*, la délivrance d'Orléans fut œuvre divine et miracle dû à l'intercession de saint Euverte; ainsi que le notaire Girault, ils témoignent de la foi la plus vive. En cela, ils étaient en com-

(1) Voy. dans les « *Annales religieuses du diocèse d'Orléans* », n° 12, samedi 24 Mars 1906, un très curieux article ayant pour titre : « *Charte municipale de la fête du 8 Mai* », dû à la plume de l'érudit chanoine Th. Cochard.

(2) Il y a encore divergence entre les récits contemporains sur la date de la prise de Jargeau. Dans Chartier et C. de Montreuil, la ville fut prise après huit jours de siège. Cagny, le *Journal* et la *Chronique du 8 Mai* disent que la ville, assiégée le samedi 11 juin, fut prise d'assaut le lendemain dimanche 12.
Dans Lebrun de Charmettes et H. Martin, ville assiégée et prise d'assaut le 14. Wallon a suivi le *Journal*.

munautés d'idées religieuses avec leurs concitoyens. Pour tous, Jeanne avait été suscitée par Dieu pour délivrer leur ville et faire sacrer Charles VII. Les deux auteurs racontent également que les habitants d'Orléans, avant le siège, ne pouvaient souffrir les hommes d'armes, se haïssaient entre eux comme chiens et chats, mais, pendant le siège, ils furent très unis; les Orléanais traitaient les hommes d'armes comme leurs enfants.

On assigne la date de 1455-56 comme étant celle de la composition de cette *Chronique;* il y est, du reste, fait mention *in fine,* des indulgences accordées par le cardinal d'Estouteville et l'évêque d'Orléans en 1451-53, à ceux qui assisteraient à la célébration de la fête du 8 mai. La *Chronique du 8 Mai,* qui jadis fit partie de l'abbaye de Fleury-sur-Loire, est aujourd'hui au Vatican. Elle a été publiée plusieurs fois et en dernier lieu par MM. Charpentier et Cuissard, dans leur édition du *Journal du siège.*

Parvenue sans nom d'auteur, Vallet de Viriville, et, après lui, M. Boucher de Molandon, l'ont attribuée à J. de Mascon, docteur de l'Université d'Orléans, docteur en l'un et l'autre droit, chanoine et sous-chantre du Chapitre, mort vers 1454-56, celui-là même qui interrogea Jeanne. On le fait aussi auteur du *Mystère du Siège,* se basant sur ce que les deux ouvrages sont rédigés sur un même plan. Cette question d'origine ne nous paraît pas résolue. Quoiqu'il en soit du véritable auteur de cette *Chronique,* il est un point bien acquis, celui qu'il était Orléanais, contemporain du siège dont il se fit l'historien, et, d'après les sentiments religieux qu'il manifeste, probablement ecclésiastique. C'est là tout ce qu'on peut, jusqu'à présent, dire de certain sur sa personnalité.

CHAPITRE V

Le Mystère du Siège d'Orléans, par un anonyme

Le *Mystère du Siège d'Orléans* est un poème dramatique de 20.529 vers octosyllabiques à rimes croisées, dont l'action, sous forme de dialogue, se passe tantôt dans le Ciel, entre Dieu, Notre-Dame, l'archange Michel, saint Euverte, saint Aignan, premiers évêques d'Orléans et patrons de cette ville. Et tantôt sur la Terre, entre les capitaines et chefs de guerre, etc., qui défendent Orléans et ceux de l'armée anglaise l'assiégeant; puis entre Jeanne d'Arc, Baudricourt, Charles VII, etc. Il compte plus de cent personnages, non compris un très grand nombre de figurants et de comparses, tels que bourgeois, mariniers, messagers, hommes d'armes, etc.

Si les érudits sont d'accord pour dire que l'auteur de ce poème était Orléanais, sans toutefois pouvoir renseigner sur son nom et sa personnalité, il n'en est pas de même, d'abord pour préciser la date de la composition de son œuvre et des sources où il puisa ses renseignements; ensuite si le *Mystère du Siège* a été ou non représenté sur la scène; et enfin sur la valeur historique qu'on doit lui attribuer.

De ces trois points, nous ne retiendrons que le premier et le dernier; celui de la représentation étant tout à fait en dehors de notre sujet, nous ne nous y arrêterons pas.

D'après Quicherat, le *Mystère du Siège* n'est autre chose que le *Journal du Siège*, dialogué et mis en vers, avec une exposition dont l'idée est empruntée à la *Chronique de la Pucelle*. Cette *Chronique* ayant été terminée après 1456, la composition du *Mystère* devrait donc être placée après cette date, vers 1460 et même après 1470.

MM. Guessard et de Certain distinguent deux parties dans le *Mystère;* la première comme un registre du siège, la deuxième comme une relation du voyage de Reims, etc.; ils disent que l'auteur n'a pas consulté le *Journal du Siège paru en 1467;* mais de l'analogie des faits qui se remarque dans ces deux compositions leurs auteurs ont, d'après eux, chacun séparément, puisé à une source commune qui serait un premier travail d'écriture exécuté sur le siège d'Orléans. Ce travail serait alors, d'après nous, ou les notes prises par Cousinot le chancelier, déposées en 1439 aux archives de la ville d'Orléans, ou la première copie qui en fut faite peu de temps après son départ de cette ville.

D'après l'écriture du seul manuscrit du *Mystère*, in-4°, 509 feuillets papier, aujourd'hui au Vatican, mais fit jadis partie de la « librairie » de Fleury-sur-Loire, les éditeurs en placent la composition vers 1470 et prétendent que son auteur s'est beaucoup moins proposé de faire œuvre en l'honneur de la Pucelle que de célébrer la délivrance d'Orléans. Il s'arrête à la bataille de Patay, lorsque les Anglais, défaits, se retirent de l'Orléanais.

Vallet de Viriville indique la *Geste*, la *Chronique de la Pucelle* et le *Journal du Siège* comme ayant fourni des renseignements à l'auteur du *Mystère*, et surtout la *Chronique du 8 Mai* qui renferme, dit-il, les mêmes faits et la même période de temps; départ de Salisbury d'Angleterre pour assiéger et s'emparer d'Orléans jusqu'à la bataille de Patay. Et avec les éditeurs du *Mystère*, il accepte 1470 comme date de la composition de cet ouvrage.

Pour M. Tivier, le *Mystère*, qu'il attribue à Jacques Millet, auteur du MYSTÈRE DE LA DESTRUCTION DE TROYE LA GRANDE, a été un écho du procès de réhabilitation de 1456; il en place la rédaction après 1458, en donnant pour raison que le duc d'Alençon occupe une telle place dans le poème que l'auteur n'aurait pu l'y faire figurer après la condamnation pour haute trahison prononcée contre lui par la Cour des pairs en 1458 (1). Le même auteur admet comme sources

(1) Au moment où Salisbury est blessé mortellement aux Tourelles, on voit dans le *Mystère* (p. 127), le receveur dire à « deux *eschevins* de la ville illec présens », d'aller voir le roi pour l'informer du siège et lui demander aide et secours de vivres, d'argent et d'hommes. On est surpris de lire dans ce poème le mot *échevin* aux lieu et place de celui de *procureur*, seul alors usité à Orléans. Ce dernier mot se rencontre plusieurs fois dans le *Mystère* et celui d'*échevin*, qui le remplace d'une façon si intempestive, une seule fois, à la page indiquée. On ne s'explique pas comment le poète (ou le scribe) aurait pu employer ce mot échevin, qui ne fut d'usage à Orléans qu'à partir de 1504.

d'information, diverses *Chroniques* et le *Journal du Siège*,
ou du moins, dit-il, le travail manuscrit ayant pu servir de
point de départ à la rédaction postérieure, celle faite par
Soubsdan en 1466.

Nous sommes d'accord avec M. Tivier sur ce dernier point.
Ce serait, comme nous l'avons dit, dans les pages qui précèdent, les notes du siège, depuis *Journal*, prises par le
chancelier en 1428-29 et déposées en 1439 à la maison commune d'Orléans.

Examinons maintenant quelle valeur historique on doit
attribuer à ce poème.

L'exactitude chronologique apportée dans le récit des
événements par l'auteur aurait dû, à notre sens, faire
considérer son œuvre comme étant une des principales à
consulter pour le siège d'Orléans et pour Jeanne d'Arc. Or,
c'est le contraire qui est arrivé, puisqu'on voit Quicherat
dire que « la valeur historique du *Mystère* est nulle, non
parce que l'auteur s'est éloigné de l'histoire, mais au contraire parce qu'il l'a suivie de trop près. Sa pièce n'est autre
chose que le *Journal du Siège* dialogué et mis en vers avec
une exposition empruntée à la *Chronique de la Pucelle* ».

Nous lisons et relisons ce jugement du savant professeur
et érudit qu'était M. Quicherat, et nous avouons, en toute
sincérité, ne pas le comprendre.

En effet, dirons-nous avec MM. Guessard et de Certain,
que peut-on inventer de plus beau, de plus grand et de plus
saisissant que la vérité? Or, cet événement de notre histoire
du xv° siècle, qui n'a pas son semblable dans les annales des
nations, offrait au poète tout le merveilleux désirable pour
la composition de son poème; aussi en a-t-il usé, et cela toujours à propos, en observant l'ordre chronologique des faits
et sans sortir de la réalité. C'est pourtant ce que condamne

D'après l'écriture du manuscrit du *Mystère* qui est au Vatican, sa
composition aurait été faite vers 1453 et même 1458. Ne devrait-on
pas plutôt, comme conséquence de l'emploi ici de ce mot échevin,
reculer cette composition, ou, tout au moins, sa transcription, aux
premières années du xvi° siècle.
Observons que le mot *échevin* ainsi placé dans le *Mystère* et lu par
MM. Guessard, de Certain, Quicherat, Tivier, etc., n'a, de leur part,
été l'objet d'aucune remarque ou commentaire. Cette note complète
celle de la page 32.

Quicherat. Que voulait-il donc pour exprimer un autre jugement? Fallait-il que le poète, bouleversant l'histoire, eût
recours à tout un mécanisme poétique et romanesque ainsi
qu'agirent plus tard Shakespeare, Schiller et tant d'autres
poètes qui ont faussé l'histoire d'une façon si outrageante
à l'égard de l'héroïne du xv° siècle! Combien, avec les éditeurs du *Mystère*, nous préférons, malgré ses défauts de
style et d'harmonie, ce vieux poème dans sa naïveté et
dans sa simplicité historique, aux productions romanesques
où il n'y a d'exact que des noms et quelques faits principaux! Le *Mystère du Siège d'Orléans* représente, dans l'ensemble des œuvres dramatiques qui appartiennent à la fin
du moyen âge, ce qu'on peut, dit M. Tivier, appeler l'élé-
ment national. On rencontre à peine dans tout ce qui le précède quelques essais tentés en ce genre, où la légende y a
plus de part que la tradition historique, mais voici un drame
composé à peu de distance des événements qu'il met en
scène, sur les lieux mêmes où ils se sont passés.

La valeur historique du *Mystère* étant établie, et cela
de l'aveu même de Quicherat, il reste à rechercher quels
sont les documents contemporains qui ont servi à l'auteur
pour le composer.

Le poème débute par une assemblée de seigneurs en Angleterre, où il est décidé qu'une armée, sous le commandement de Salisbury, descendra en France pour aller assiéger
Orléans et s'en rendre maître. Le duc d'Orléans, apprenant
cette expédition et le but qu'elle se propose, va trouver les
chefs pour les prier d'épargner sa ville et son duché qu'il
ne peut défendre, étant prisonnier. Tous lui en font la promesse, laquelle, d'après Tivier, paraît être, pour le poète,
la principale ressource de son œuvre, puisque la non exécution de cette promesse et le pillage de l'église de Cléry seront les causes de l'échec de l'entreprise et de la mort du
plus grand nombre d'entre eux.

Salisbury est en France; il se rend à Chartres où les chefs
de l'armée anglaise délibèrent à nouveau et décident enfin
de marcher sur Orléans. Ici, Salisbury et Glacidas, dégui-
sés, se rendent auprès du devin Jean des Boillons pour le

consulter sur l'issue de l'entreprise (1). Celui-ci refuse de
satisfaire à leur désir; ils le retiennent prisonnier; enfin, il
dit à Salisbury de *bien garder sa teste*, et à Glacidas *qu'il ne
mourra point de canon de fer*. Les Anglais, dans leur
marche, s'emparent de Beaugency, passent à Cléry, y pillent
l'église, malgré les prières du prêtre desservant, et arrivent
devant Orléans, côté du Portereau.

C'est à présent que l'auteur du *Mystère* va parler des événements du siège dans l'ordre qu'ils sont présentés dans le
Journal, — mais avec des variantes, des omissions, des li-
cences poétiques faites par l'auteur pour la marche de son
poème (2). Selon l'expression juste de Quicherat, le récit en
prose du *Journal* va, ici, être dialogué et mis en vers. Comme
nous n'avons pas l'intention de faire l'analyse des
20.259 vers, nous nous contenterons de prendre quelques-
uns des principaux passages du poème pour en établir l'analogie soit avec le *Journal*, soit avec la *Chronique de la Pucelle* ou avec celle du *8 Mai*, et ainsi répondre à cette question de A. France : « Il y aurait intérêt à étudier les sources
plus attentivement du *Mystère* qu'on ne l'a fait jusqu'ici.

(1) Sallebry dit à Maistre Jehan des Boillons :

> Maistre Jean ? mandé vous avons
> Pour vous festoyez à plaisir,
> Ainsi que autreffoiz fait avons
> Si vous en peut point souvenir.

Maistre Jean :

> Je le croy bien, mais sans faillir   (mentir.)
> Il ne me souvient pas du tout.   (p. 57.)

Ne serait-ce pas là l'origine de ces deux vers :

> S'il me souvient de cette affaire ?
> Ma foi ! il ne m'en souvient guère !

souvent cités d'une façon badine ou demi-sérieuse ?

Le *Mystère* contient un grand nombre de locutions proverbiales qui
avaient cours au xve siècle.

(2) A partir du 24 mai (lisez mars), le *Mystère* se tait; l'auteur, dit
M. Tivier, a hâte d'introduire Jeanne d'Arc, il supprime les bruits
de trahison qui coururent ce jour-là dans la ville, le combat du
1er Avril à la bastille de Londres, celui du dimanche entre les pages,
l'érection des bastilles de Rouen et de Paris, l'entrée du bourg de Mas-
caran et de Florentin d'Illiers, etc., si l'exactitude historique y perd,
le procédé offre de grands avantages au point de vue de l'effet dramatique.

Le poète semble avoir connu un *Journal du Siège* différent de celui que nous possédons. » C'est-à-dire le manuscrit de notes du chancelier déposé aux archives de la ville d'Orléans, ou la première copie qui en fut faite bien avant le travail exécuté par Soubsdan, en 1466, copié en 1472, par Nicaise Delorme, et imprimé en 1576 par Hotot.

Et d'abord revenons au début. Les seigneurs anglais décident de porter la guerre en France et de s'emparer d'Orléans.

C'est à quelques expressions près ce même début qu'on lit dans la *Geste* au « Chapitre 220. Comment le conte de Salceberie retourna en France » ; huit lignes y sont consacrées pour raconter le départ d'Angleterre, l'arrivée en France et prises de villes et places fortes au Pays *Chartrain*.

La *Chronique de la Pucelle*, extraite de cette même *Geste*, reprend au « Chapitre 40. Comment le conte de Salceberie retourna en France », le bref récit du chancelier, et y ajoute que le duc d'Orléans apprenant cette expédition, prie Salisbury de sauvegarder sa terre qu'il ne peut défendre, étant retenu prisonnier. « Et, dit-on, Salceberie luy promist et octroya sa requeste. »

L'auteur de la *Chronique du 8 Mai* aurait-il eu connaissance de celle de la *Pucelle* ou de la *Geste* ? L'une et l'autre parlent aussi du Conseil tenu en Angleterre, du départ d'une armée pour aller conquérir le pays de Monseigneur d'Orléans, et de la demande de ce dernier à Salisbury, de sauvegarder sa terre, ce que celui-ci promit et ne tint pas.

Jean Raoulet, capitaine du parti de Charles VII, ami et compagnon d'armes de la Hire et de Poton, fait également mention dans la *Chronique* qu'il a écrite de 1461 à 1467 et reproduit par Vallet de Viriville, 3ᵉ vol. de la *Chronique sur Charles VII*, du départ d'Angleterre de Salisbury, etc. ; sa descente en Normandie, son arrivée à Chartres où il voit maistre Jehan des Boullons, astrologue qui lui prédit qu'il mourra au siège d'Orléans pour avoir failli à la promesse qu'il avait faite au duc d'Orléans.

Est-ce d'après cette *Chronique* que l'auteur du *Mystère* aurait parlé de l'astrologue? Ce serait alors en reporter la composition après 1467. Dans tous les cas, Raoulet, le *Mys-*

tère et l'auteur anonyme d'une *Chronique Normande* sont, pensons-nous, les seuls qui, parmi les auteurs du xvᵉ siècle, aient fait mention de cet astrologue. — Cette dernière *Chronique normande* rapportée dans Quicherat (IV-145), nous apprend que Salisbury étant à Chartres, vit maistre *Jehan de Meun*, magicien, et lui annonça qu'il allait assiéger Orléans. Notre magicien le prévint alors « qu'il gardast sa teste ». — Puis Salisbury atteint à la tête par un boulet parti d'un canon « afusté pour tirer à ceste tour », auquel un écolier avait mis le feu.

De tout cela, préliminaires et prédiction, rien, disent les éditeurs du *Mystère*, ne se trouve dans le *Journal*, si ce n'est une mention très courte de la visite de Salisbury à Jehan des Boillons ou de Meun et du pillage de Cléry, dont il n'est parlé qu'incidemment et après la mort de Salisbury.

Le *Journal* ne parle pas, en effet, de ces préliminaires, et cela, par l'excellente raison, que son auteur, le chancelier, en ayant déjà fait mention dans la *Geste*, n'avait nul besoin de se répéter ici, puisque les notes du siège ou *Journal*, n'étaient prises par lui que pour compléter cette *Geste*. C'est ce qui explique pourquoi le *Journal*, commence de suite, sans préliminaires, au 12 Octobre, jour où les Anglais parurent devant Orléans.

Quant aux prédictions concernant Salisbury et Glacidas; elles sont comme toutes les prédictions faites longtemps après coup; par conséquent, elles ne pouvaient être recueillies par l'auteur du *Journal* qui, écrivant en 1428-29, au moment même des faits, devait, selon les croyances du temps se borner simplement à présenter la mort de Salisbury comme étant une punition du Ciel. Nulle mention n'est faite dans ledit *Journal*, de la visite de Salisbury à Jean des Bouillons ou de Meun, et encore moins des prédictions de ce dernier.

Le *Mystère du siège d'Orléans* n'est autre chose, a dit Quicherat, que le *Journal du Siège* dialogué et mis en vers avec une exposition dont l'idée est empruntée à la *Chronique de la Pucelle*.

Rien de plus vrai. — L'exposition a été empruntée non seulement à la *Chronique de la Pucelle*, mais encore à la *Geste des Nobles*, d'où a été extraite cette dite *Chronique*, et est conforme à celles qu'on lit dans Raoulet et dans la *Chronique Normande*. Le *Journal* a fourni les détails pour le fond du récit.

L'analyse sommaire du *Mystère* faite par MM. Guessard et de Certain, renseigne : Siège et prise des Tourelles par les Anglais. — Mort de Salisbury. — Sainte-Sévère, Chabannes, Bueil, Chaumont, la Hire, entrent à Orléans. — Destruction d'églises et de maisons dans les faubourgs. — Combat de Gasquet et de Vedille contre deux Anglais. — Entrevue de la Hire et de Lancelot de Lisle, où est reproché à ce dernier par la Hire de n'avoir pas tenu la promesse faite au duc d'Orléans, de sauvegarder sa terre. — Lancelot tué par un boulet. — Retour de Villars et des deux Saintrailles qui venaient de voir le roi, à l'effet d'obtenir des secours pour la ville assiégée. — Première mention de Jeanne d'Arc. — Chabannes, Termes et le bourg de Bar partent d'Orléans pour se rendre auprès du comte de Clermont. — Ils sont attaqués en route par les Anglais; le bourg de Bar fait prisonnier est conduit en la tour de Marchenoir. — Guillaume d'Albret et la Fayette entrent à Orléans.

Ces divers faits sont mentionnés dans le *Journal* dans cet ordre, aux dates des 12, 24, 25 Octobre. — 8 Novembre, 31 Décembre. — 5 et 29 Janvier. — 8, 9 et 10 Février.

Convoi de vivres, d'armes, etc., parti de Paris sous la conduite de Fastot, etc., et destiné aux Anglais qui assiégent Orléans. — Journée des Harengs. — Récit fait d'après le *Journal ;* — Les mêmes noms sont reproduits ; ainsi que ceux qui y furent tués ; Jean Stuart, connétable d'Écosse, Guill. Stuart, son frère, Châteaubrun, Chabot, Rochechouart-Montpipeau, prince de Verdun (pour sire de Verduran, dans le *Journal*), Guill. d'Albret, sire d'Orval, dont les corps furent mis en sépulture dans l'église de Sainte-Croix. — Poton de Saintrailles et deux bourgeois d'Orléans sont députés vers le duc de Bourgogne afin d'obtenir de Bedford l'abstinence de guerre pour la ville et le duché d'Orléans. — Trèves entre les belligérants, échange de cadeaux de part et d'autre. — Lord Gray est tué par un boulet parti de la ville. — Regnault Guillaume et Vernade sont faits prisonniers par les Anglais. — Jeanne d'Arc à Blois. — Raiz et Loré. — En

marche sur Orléans par la Sologne ; leur arrivée devant
Chécy. — Entrée de Jeanne à Orléans. — Messagers envoyés
par elle aux assiégeants. — Attaque et prise de Saint-Loup
par les Orléanais. — Conseil de guerre tenu le 5 Mai, jour de
l'Ascension. — Mêmes noms de chefs et de capitaines qui y
assistent, que ceux mentionnés dans le *Journal*. — Attaque
et prise de Saint-Jean-le-Blanc, des Augustins et du boulevart du pont. — Prise des Tourelles. — Jeanne est blessée. —
Son étendard. — Levée du siège par les Anglais. — Jeanne
se rend auprès du roi pour lui annoncer la délivrance d'Orléans. — On organise une nouvelle armée sous le commandement du duc d'Alençon. — Préparatifs de départ pour
Blois. — Retour de Jeanne à Orléans, etc. — Attaque et prise
de Jargeau. — La bombarde *La Bergère*. — Gentilhomme
d'Anjou tué par un boulet parti de la ville. — Pierre lancée
par un Anglais qui atteint Jeanne à la tête sans la blesser. —
Suffort prisonnier de Guill. Regnault. — Retour de Jeanne,
etc., à Orléans. — Arrivée à l'armée des deux Laval, Chauvi-
gny, la Tour, baron d'Auvergne, Thibault de Termes, vidame
de Chartres. — Attaque de Meung. — Attaque de Beaugency ;
arrivée de Richemont, prise de Beaugency. — Bataille de Patay, les Anglais sont battus. — Talbot, etc., prisonniers.

C'est, dirons-nous encore, dans ce même ordre que les
faits ci-dessus sont énumérés dans le *Journal* sous les dates
des 12, 13, 22 Février, 3 et 30 Mars, 29 Avril, 4, 5, 6, 7, 8 et
9 Mai, 11, 12, 15, 16 et 18 Juin.

On remarquera que certains de ces faits : combat de Gasquet et Vedille, Bourg de Bar, prisonnier, trêves entre français et anglais, la mort de Lord Gray, Regnault Guillaume et
Vernade prisonniers, gentilhomme angevin tué à Jargeau,
etc., pris du *Journal* n'offrent en eux-mêmes rien de bien
saillant, et par suite, auraient pu, et cela sans aucun incon-
vénient, ne pas être mentionnés dans le *Mystère*. — Sans
doute, pour Gasquet et Védille, le poète crut-il devoir rimer
cet épisode du siège afin de faire connaître la forme alors usi-
tée pour les défis entre guerriers (1). — Par contre, il a omis

(1) D'après les éditeurs du *Mystère*, les feuillets 178 à 179 du manuscrit, qui parlent de Gasquet et de Védille, ont été visiblement
ajoutés après coup. « Cet épisode, disent-ils, auquel rien ne prépare

de faire mention dans le *Mystère* parmi les défenseurs d'Orléans, de frère Nicole de Giresmes, chevalier de Saint-Jean-
de-Jérusalem, qui fut un des premiers arrivés dans la ville
assiégée. Il s'y signala par sa valeur, et tout spécialement le
7 Mai, en attaquant les Anglais des Tournelles, du côté de la
ville, et en passant le premier sur une gouttière ou poutre
reliant lesdites Tournelles au pont, dont deux arches avaient
été rompues par les Français les 22 et 24 Octobre. Cette action
de bravoure relatée par le *Journal* et par la *Chronique de la
Pucelle*, découragea tellement les Anglais déjà attaqués vigoureusement au sud par la Pucelle, qu'ils furent forcés de
se rendre à merci. Ce fut là un des plus brillants faits d'armes
de cette journée à jamais mémorable ; et quoiqu'en dise
M. Tivier, le poète aurait dû en faire mention; il n'aurait pas
pour cela affaibli l'intérêt de son poème.

On trouve encore : 1° que le bâtard d'Orléans est dénommé ainsi dans les commencements du *Mystère;* mais à partir
de la page 149 jusqu'à celle 219, il est qualifié de *comte* ou
sire de Dunois; de cette dernière page 219 jusqu'à la fin, il
n'est plus dénommé que le *bâtard d'Orléans*, ainsi qu'on le
lit, du reste, dans le *Journal*, comme nous l'expliquons
page 21 (1).

et que n'annonce aucune rubrique, vient couper en deux une scène
commencée sans qu'on puisse voir là une inadvertance du relieur,
puisqu'on ne trouve nulle part la vraie place des feuillets intercalés. » Cet épisode vient bien dans le *Mystère* à la place marquée dans
le *Journal*. Dans le poème, il suit la scène où Dieu intervient et sus-
cite Jeanne. Le poète ne pouvait mieux faire, ce nous semble; il a
mis quelque part les préliminaires de la présentation de Jeanne,
avant le combat de Gasquet et de Védille, au lieu de les placer après,
comme c'est dans le *Journal*. C'est un épisode détaché dans le *Mystère* comme dans le *Journal*, qui en fait le récit en douze lignes.
MM. Guessard et de Certain, qui ont lu le manuscrit, ne disent pas
que l'écriture des feuillets diffère de celle dudit manuscrit ; il faut
alors admettre que c'est la même main qui a écrit le tout.

En résumé, c'est un fragment qui, pour activer la terminaison de
l'ouvrage, a été composé à part, soit par l'auteur du *Mystère*, soit par
un collaborateur. On a voulu faire connaître dans tous ses détails ce
qu'était un défi entre hommes d'armes. Une fois fini, le travail a été
intercalé dans le manuscrit au moment même de la composition du
tout, et non longtemps après, comme on voudrait l'entendre par le
mot interpolation.

(1) « Le bâtard d'Orléans fut fait comte de Dunois le 14 Juillet 1439.
Les vers où dans le *Mystère* on lui donne ce titre ne peuvent donc, dit
A. France, être plus anciens que cette date. Ce titre se trouve dans le
premier tiers de l'ouvrage. Quand Dunois paraît ensuite, il redevient

2° Etant à Chinon, à cette demande du roi, si elle avait vu l'épée de Sainte-Catherine, de Fierbois? Jeanne répondit : « Sire, je ne la viz jamés, — NE JE N'Y FUZ ONCQUES (jamais) EN MA VIE, mais je scay bien qu'elle y est ». — C'est cette même réponse négative qu'on lit dans J. Chartier et dans les *Chronique et Procès de la Pucelle d'Orléans*, manuscrit de la Bibliothèque publique d'Orléans, publié par Buchon ; — Et si c'est celle qu'elle fit réellement au roi, Jeanne n'aurait pas dit alors la vérité, puisqu'au procès de Rouen, à la séance du 27 Février 1431, elle déclara à ses juges, s'être arrêtée à Fierbois et avoir entendu trois messes en un jour dans l'église Sainte-Catherine. — D'autre part, le *Journal du siège* et la *Chronique de la Pucelle* (éditions Quicherat et Vallet) donnent ce texte : « Le roy lui demanda si elle l'avoit (l'épée) oncques veue. — A quoy elle respondit que non, mais toutefois sçavoit-elle qu'elle y estoit. » La question et la réponse ne visent ici que l'épée, qu'elle déclare ne pas avoir vue; rien de plus. L'identité des deux textes prouve que celui du *Journal* a été inséré dans la *Geste* d'où Cousinot de Montreuil l'a extrait... Quels motifs ont pu avoir J. Chartier et l'auteur du *Mystère* pour s'éloigner ainsi du texte du *Journal?*

3° Nous ne parlerons pas du héraut envoyé par Jeanne aux Anglais, que ceux-ci retinrent prisonnier et firent *jeter dans une fosse au pain et à l'eau;* non plus de la nuit du 6 au 7 Mai, que nous avons examinée dans la note page 110.

Mais nous signalerons ici la non mention dans le *Mystère*, des escarmouches qui eurent lieu entre les pages français, commandés par Aymard de Puiseux et les pages anglais, relatées dans le *Journal* sous la date du 3 Avril et jours sui-

---

le bâtard d'Orléans. De ce fait, voilà 5.000 vers que les éditeurs de 1862 considèrent comme ajoutés postérieurement au texte primitif, bien qu'ils ne se distinguent des autres ni par la langue, ni par le style, ni par la prosodie, ni par aucune qualité. » — Cette qualification de *comte de Dunois* a son origine dans une note écrite en marge de pages du manuscrit du siège, que le chancelier eut en sa possession jusqu'en 1439; laquelle a depuis été fondue dans le texte, soit par le premier copiste, soit par Soubsdam. C'est là encore une preuve à ajouter à celles déjà produites, établissant que le *Journal du siège* a été la source d'informations pour les contemporains qui ont traité ce sujet.

vants, dont Quicherat et autres historiens, ont voulu tirer argument pour reporter la rédaction dudit *Journal* après 1466.

M. Tivier veut parer à cette omission de la part du poète, en disant que d'autres personnages plus intéressants et plus populaires ont été omis, quoiqu'ils eussent joué dans la défense d'Orléans un rôle bien plus considérable; on ne voit donc pas, ajoute-t-il, pourquoi le silence du poète à son endroit tirerait à conséquence.

A cette explication qui n'explique rien, nous répondrons que du silence gardé par le poète sur ce fait, il faut en conclure qu'il n'existait pas dans les notes du chancelier, et qu'il a été inséré dans le texte du *Journal* par Soubsdan pour les raisons exposées page 24.

Comme dans les *Chroniques* de ce siècle, on rencontre dans le *Mystère* un grand nombre d'erreurs de noms, de faits et de dates, notamment celle relative à la levée du siège indiquée ici le 9 Mai au lieu du 8. La plupart de ces erreurs ayant été signalées par M. Tivier, nous ne nous y arrêterons point.

Avec ces dernières lignes se termine notre revue critique sur Berry, Cousinot de Montreuil, J. Chartier, et les auteurs anonymes de la *Chronique du 8 Mai* et du *Mystère du siège*. Nous pensons avoir démontré que c'est à tort que Quicherat, Vallet de Viriville, etc., ont prétendu que l'auteur du *Journal du siège* avait emprunté à ces chroniqueurs ; tout prouve, au contraire, que le *Journal* composé au moment même de cet événement de notre histoire, est la source première et principale ou se renseignèrent ces mêmes chroniqueurs pour écrire sur le siège et sur Jeanne d'Arc. Il ne doit plus exister désormais le moindre doute à ce sujet; tout débat nous paraît clos.

TABLE

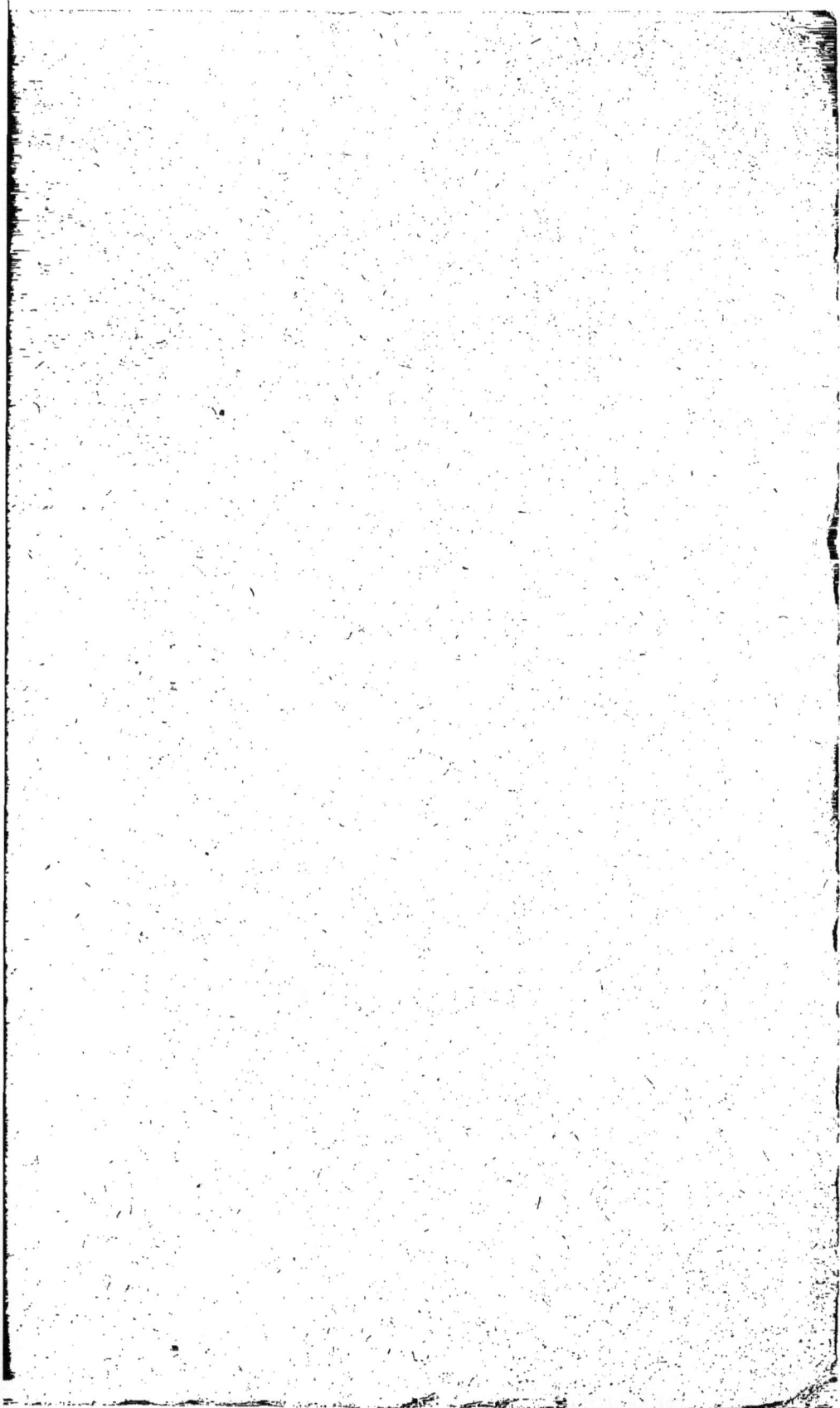

www.ingramcontent.com/pod-product-compliance
Lightning Source LLC
Chambersburg PA
CBHW052356090426
42739CB00011B/2389